다음 세대와 함께 걷는 천로역정

다음 세대와 함께 걷는 천로역정

지은이 | 김종원
초판 발행 | 2024. 10. 16
등록번호 | 제1988-000080호
등록된 곳 | 서울특별시 용산구 서빙고로 65길 38
발행처 | 사단법인 두란노서원
영업부 | 2078-3333   FAX | 080-749-3705
출판부 | 2078-3331

책값은 뒤표지에 있습니다.
ISBN 978-89-531-4918-2 03230

독자의 의견을 기다립니다.
tpress@duranno.com www.duranno.com

두란노서원은 바울 사도가 3차 전도여행 때 에베소에서 성령 받은 제자들을 따로 세워 하나님의 말씀으로 양육하
던 장소입니다. 사도행전 19장 8-20절의 정신에 따라 첫째 목회자를 돕는 사역과 평신도를 훈련시키는 사역, 둘째
세계선교(TIM)와 문서선교(단행본·잡지) 사역, 셋째 예수문화 및 경배와 찬양 사역, 그리고 가정·상담 사역 등을 감당하
고 있습니다. 1980년 12월 22일에 창립된 두란노서원은 주님 오실 때까지 이 사역들을 계속할 것입니다.

한 본문, 한 주제로 온 세대가 하나되다

다음 세대와 함께 걷는 천로역정

김종원 지음

두란노

목차

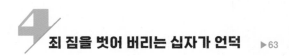

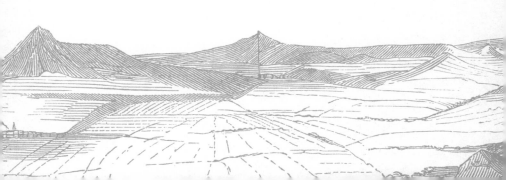

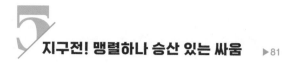

1. 이 책에는 경산중앙교회에서 총 열두 번에 걸쳐 진행된 '다음 세대와 함께 걷는 천로역정' 설교 시리즈가 수록되어 있습니다. 매주 장년 세대, 다음 세대 모두에게 일치된 주제와 메시지를 전달했고, 메시지를 듣는 것에서 그치는 것이 아니라 그 메시지를 적용할 수 있는 활동까지 아울러 함께 공감하고 영적인 나눔이 일어나는 데 주안점을 두었습니다.

2. 각 장마다 제공되는 '퀴즈 챌린지'는 모든 세대가 참여할 수 있는 활동입니다. 아래의 방법을 참고하여 각 교회에 맞게 활용하면 좋을 것입니다.
   - 설교 후 구글이나 네이버 폼 같은 설문 어플을 활용하여 성도들에게 퀴즈 챌린지를 오픈합니다(QR코드 활용).
   - 설교를 들었다면 누구나 맞힐 수 있도록 하되, 설교의 메시지에 입각한 퀴즈를 통해 다시 한번 그 내용을 인식할 수 있도록 합니다.
   - 퀴즈를 모두 맞힌 성도들의 명단을 취합하여 주보 등에 기재한 후 추첨을 통해 선물을 지급합니다.
   - 매주 참여한 성도들에게 천로역정 이미지를 활용한 기념 카드를 제공하고, 이것을 다 모은 성도들에게는 소정의 기념품을 지급하여 천로역정의 메시지를 계속 되새김질하게 합니다.

3. 각 장 끝에 수록된 '질문과 나눔'은 장년 세대, 구역 및 소그룹 교재로 활용할 수 있는 내용입니다. 매주 설교를 들은 후 '질문과 나눔'을 통해 말씀으로 살아갈 것을 다시 한번 결단하고 서로 격려하는 풍성하고 역동적인 소그룹 모임이 되도록 구성했습니다.

4. 부록에는 영아부에서 청년부, 특수 부서에 이르기까지 모든 다음 세대 및 특수 부서에서 다룬 대표적인 설교와 공과(소그룹) 교안이 수록되어 있습니다. 이는 매주 진행된 천로역정 설교 시리즈와 동일한 메시지 및 주제를 다룬 것으로, 이를 통해 부모와 자녀 간의 영적인 교제와 소통이 일어나도록 했습니다.

5. 이 책에 담긴 '다음 세대와 함께 걷는 천로역정' 설교 시리즈의 영상은 책에 있는 QR코드로 연동해서 볼 수 있습니다.

천로역정 순례 방법

1 존 번연의 《천로역정》 읽기
- 해당되는 장의 내용 미리 읽기

2 성경 본문 읽기
- 각 장에 제시된 성경 본문 읽기

3 내용 살피기
- 각 장의 설교 내용 읽기

4 퀴즈 챌린지
- 퀴즈를 풀며 설교 내용 되새기기

5 질문과 나눔
- 소그룹에서 나누기

6 부록
- 주일학교 및 청년부 공과 예제

《천로역정》은 성경 다음으로 많이 읽힌 고전입니다. 청교도 시대에 처음 출간
된 책입니다. 그런데 그때나 지금이나 변함없이 읽히고 있습니다. 그 책의 내
용이 성도들의 신앙 여정을 그대로 보여 주기 때문입니다.

김종원 목사님은 한 해 동안 이《천로역정》과 씨름하셨습니다. 존 번연의
사적지도 탐방하고 가평 천로역정 순례길도 탐방하셨습니다. 그리고 그 깊은
연구를 우리의 믿음의 여정에 잘 적용한 책을 펴내셨습니다. 이미《천로역정》
에 대한 여러 책이 나왔지만, 이 책은 군계일학(群鷄一鶴)입니다. 흔들리고 방황
하는 포스트모던 시대의 성도들에게 새로운 순례의 길잡이가 될 것입니다.

책과 그림을 비교하며 이 순례길을 다시 걸어 보기를 권합니다. 하늘 가
는 밝은 길이 보일 것입니다. 인생 순례의 길을 진지하게 걷고자 하는 모든 이
에게 필독서로 추천합니다.

◆ **이동원** 가평 천로역정 순례길 섬김이, 지구촌 목회리더십센터 대표

《다음 세대와 함께 걷는 천로역정》은 저자의 다음 세대를 위한 비전의 열매
입니다. 저자는 다음 세대를 위해 고민하는 중에 존 번연의《천로역정》이라는
하나의 메시지로 온 가족이 소통하기를 원했습니다. 온 가족이 함께 신앙의
깊이를 추구하기를 원했습니다. 그래서 저자는《천로역정》설교를 통해 온 세
대가 함께 참여하는 프로그램을 만들었습니다.

이 책에는 저자의 눈물과 땀, 피와 기도가 담겨 있습니다. 저자는《천로역
정》을 설교하는 중에 성대 수술로 말을 하지 못하고 지내야 하는 고통의 날들
을 보내야 했습니다. 하지만 저자는 고난 중에도 전도하는 일을 계속했습니
다. 고난 중에도 다음 세대를 향한 눈물의 기도를 애절하게 하나님께 올려 드
렸습니다.

이 책은《천로역정》을 중심으로 한 저자의 탁월한 설교입니다.《천로역

정》을 깊이 소화하고 전한 설교이기 때문에 쉽습니다. 또한《천로역정》의 전체 그림을 볼 수 있습니다. 이 책은 다른《천로역정》에 관한 책과 독특한 차이가 있습니다. 그 차이는 부록으로 유치부에서 청년부에 이르는 공과 및 소그룹 교안이 들어 있다는 점입니다. 저자의 바람은 이 책을 통해 모국 교회와 이민 교회의 온 세대가 함께 참여하여《천로역정》을 공부하는 것입니다. 교회에 소속된 온 세대가 '천로역정'이라는 주제로 함께 공부하고 성장하는 것은 아름다운 일입니다.

저자가 이 책을 쓰게 된 것은 영혼 구원에 대한 열정 때문입니다. 저자는 영혼 구원을 위해 헌신한 목회자입니다. 제가 경산중앙교회에서 말씀을 전할 때 어른들이 어린이들을 VIP로 초청하는 놀라운 광경을 목도했습니다. 저자는 복음에 사로잡힌 목회자입니다. 영혼 구원을 위해 성심을 다하는 목회자입니다. 저자는 경산에서 목회하면서 열방을 품고 선교합니다. 다음 세대를 품고 목회합니다.

저는 이 책을《천로역정》을 쉽고 깊이 이해하기 원하는 분들에게 추천하고 싶습니다.《천로역정》을 중심으로 설교하기 원하는 목회자들에게 추천하고 싶습니다. 이 책을《천로역정》을 중심으로 온 세대가 함께 공부하며 성장하기 원하는 교회에 추천하고 싶습니다. ◆ **강준민** L. A. 새생명비전교회 담임목사

이론과 실제를 겸비한 목회자로 잘 알려진 김종원 목사님께서 다음 세대를 향한 저서 출판을 작심, 기획하고 드디어 성사시켰습니다.

본서는 목사님께서 밝히신 것처럼 다음 세대를 가슴에 품고 현장 중심으로 써 내려간 것입니다. 어른들이나 아이들이나 가릴 것 없이 삶의 출발과 과정 그리고 목적지에 대한 명확한 이해가 요청됩니다. 이런 면에서 본서는 우리의 다음 세대 눈높이에 맞게 제작되었습니다. 재미와 의미 그리고 설득력으로 어우러진 본서를 경험하는 다음 세대는 분명 성경적 세계관을 인격과 삶의 현장에 아로새길 것입니다.

다음 세대를 염두에 두고 고민하는 목회자와 주일학교 현장의 교사들에게 강력하게 추천합니다. 이미 주일학교 현장에서 영적 임상을 거쳤기 때문에 놀라운 효과를 눈으로 확인하리라 생각합니다. 본서가 다음 세대의 부흥을 위한 불쏘시개의 역할을 하기를 기대합니다.

◆ **오정호** 새로남교회 담임목사, 칼넷(CAL_NET) 이사장

《천로역정》은 성경 다음으로 전 세계 성도들에게 깊은 영적 영향을 끼친 고전 중 고전입니다. 이 위대한 작품은 한 사람의 거듭남부터 천국에 들어가기까지, 그 순례의 여정을 생동감 넘치게 그려 내고 있습니다. 신앙의 여정에서 겪게 되는 시험과 어려움 그리고 승리의 소망을 담고 있습니다.

이 책은 경산중앙교회 공동체가 함께 나누었던 '다음 세대와 함께 걷는 천로역정' 설교 시리즈를 바탕으로 한, 다음 세대뿐만 아니라 온 성도가 함께 신앙의 깊이를 경험한 은혜의 결과물입니다. 이 책의 특별한 점은 영아부터 청년, 장년에 이르기까지 모든 성도가 동일한 메시지를 나누고 함께 성찰하며 성숙하게 된 공동체적 경험을 기록하고 있습니다. 매주 '다음 세대와 함께 걷는 천로역정' 설교 시리즈를 바탕으로 한 질문과 나눔 그리고 퀴즈 챌린지는 성도들에게 설교를 듣는 데 그치지 않고 함께 나누며 실천하는 공동체가 되는 경험을 하게 했습니다. 또한 가평 필그림하우스를 방문해 더욱 생생한 은혜를 경험하게 했습니다. 뿐만 아니라 천로역정의 대미를 장식한 온세대 천로역정 도전 골든벨과 《천로역정》 창작 뮤지컬 관람에 이르기까지, 온 교회가 하나 되어 말씀을 중심으로 교제한 이 경험은 모든 성도가 자녀들과 함께 성장할 수 있는 소중한 기반이 되었습니다. 일찍이 이렇게 창의적인 방법으로 《천로역정》을 설교하고 경험하게 한 시도가 있었을까 생각됩니다.

이 책에 담긴 경산중앙교회의 공동체적 경험과 열매들, 곧 각 세대가 신앙의 여정을 함께 걸어가며 경험한 은혜의 순간들은 신앙의 고전을 통해 모든 세대 교우들의 전인적 성장을 이루고자 하는 목회자들과 온 가족이 함께 성장

하기를 바라는 성도들에게 큰 유익이 있으리라 확신하며 적극 추천합니다.

◆ **박성규** 총신대학교 총장

저자가 설명하듯, 신앙에는 시작점과 최종 목적지가 있습니다. 《천로역정》은 성도의 신앙을 목적지로 향하는 여정으로 묘사하는데, 이는 성경의 교훈에서 착안한 것입니다. 이 책의 특징은 이러한 신앙의 여정을 다음 세대에 전수할 사명으로 보고 있다는 점입니다.

《천로역정》은 우리가 인생을 넓게 보는 시각과 함께 분명한 목적지를 가지고 어떻게 그곳에 이르는가를 구체적으로 안내해 주는 지도(혹은 나침반)를 가지고 있음을 알려 줍니다. 또한 성도는 본향을 향하여 이끌리듯 나아가되, 전체 여정을 즐기며 이 과정을 통해 변화되는 순례자임을 이야기합니다.

이 책은 순례의 시작을 사도행전 2장 37절에 착안하여 설명합니다. 그리고 순례의 여정에서 만날 수 있는 여러 사건을 성경의 다양한 내용을 토대로 이해하기 쉽게 서술해 나갑니다. 많은 일이 순례의 여정을 지연시키고, 곁길로 가게 하고 포기하도록 유혹하지만, 이는 마귀의 간계일 뿐 순례의 길에 나선 성도는 반드시 목적지에 도착합니다. 결국 순례자인 우리는 죽음의 강을 건너 천성에 이를 수 있습니다.

저자는 《천로역정》이 자녀들에게 전수되어야 하는 신앙의 모습을 담은 책이라고 말합니다. 이는 자녀들이 부모의 말이 아니라 그들의 본을 통하여 부모를 따르며, 이 본은 한두 가지의 행위가 아니라 '삶 전체를 통하여 보여 주는 신앙의 여정을 통해 드러날 때 더욱 의미가 있다'는 설명 속에 잘 녹아 있습니다. 그래서 《천로역정》이 자녀들에게 유익한 책이라는 도전에 공감합니다.

저는 이 책을 읽으면서 저자가 최근 '몸으로 경험한 고난'이 《천로역정》에 대한 깊은 이해와 진정성 넘치는 적용을 가능하게 했다고 생각합니다. 그래서 이 책을 마음을 담아 추천합니다. ◆ **한규삼** 충현교회 담임목사

P 프롤로그

천상병 시인은 〈귀천〉이라는 시에서 하늘로 돌아가는 순간이 있고, 소풍이 끝나는 날이 있다고 노래합니다. 그리고 "가서, 아름다웠더라고 말하리라"라고 고백합니다. 이는 성경이 말씀하는 "날 때가 있고 죽을 때가 있으며"(전 3:2)라는 내용과 맥락을 같이합니다. 정해진 인생의 끝이 있다면, 인류 최고의 난제는 우리 인생이 과연 어디서 와서 어디로 가느냐의 문제이며, 이는 신앙의 여정과도 같습니다. 어떻게 시작하여 어디로 가는지는 가장 소중하면서도 어려운 문제입니다.

첫 번째는 '기원'(Origin)의 문제이고, 두 번째는 '목적지'(Destination)에 관한 질문입니다. 이 두 질문에 대해 기독교 고전인 존 번연(John Bunyan)의 《천로역정》은 가장 명확한 대답을 제공합니다. 성경 다음으로 가장 많이 읽힌 책, 가장 많은 언어로 번역된 책으로서 수 세기 동안 수많은 그리스도인에게 깊은 영적 통찰과 위로를 제공하며, 믿음의 길에서 길을 잃지 않도록 내비게이션과 같은 역할을 했습니다.

그렇다면 이 정확한 내비게이션이 누구에게 필요할까요? 그 것은 다름 아닌 다음 세대라고 생각합니다. 오늘날 우리는 '다음 세대'(Next Generation)를 염려하면서 사사기의 말씀을 인용하여 그 들이 '다른 세대'(Different Generation)가 되지 않을까 걱정합니다.

그 후에 일어난 다른 세대는 여호와를 알지 못하며 여호와께서 이스라 엘을 위하여 행하신 일도 알지 못하였더라 삿 2:10

그들은 왜 다른 세대가 되었을까요? 두 가지 무지에서 비롯되 었습니다. 첫째는 여호와를 알지 못한 것이고, 둘째는 여호와께 서 행하신 일을 알지 못하였기 때문입니다.

영적으로 무지한 다음 세대를 깨우치기 위해 저와 교회는 고 민 중에 '다음 세대'를 사역 주제로 삼고 담임목사로부터 모든 교 역자와 교사, 소그룹 목자들까지 한 손에는 성경을, 다른 손에는 영적 내비게이션이 되어 준 존 번연의 《천로역정》을 들고 우리 신앙의 여정이 어디에서 시작되어 어디로 향하는가를 알아 가기 로 했습니다.

교회 공동체 모두가 '다음 세대와 함께 걷는 천로역정'이라는 주제로 12주간 주일 예배를 비롯하여 주일학교, 젊은이 부서 및 특수 부서까지 《천로역정》의 메시지를 매 주일 살폈습니다. 모 든 성도가 《천로역정》을 탐독하고 소그룹에서 함께 나누면서 누 린 영적 유익은 가히 폭발적이었습니다. 담임목사로서 꿈에도 그리던 부모와 자녀 사이의 영적인 대화가 드디어 시작되었습니다. 부모와 자녀가 같은 메시지를 나누고 같은 주제로 고민하면서 틀에 박힌 가정 예배가 아니라 깊은 영적 고민을 나누는 대화의 장이 가정에서 펼쳐졌습니다. 또한 '가평 필그림하우스 탐방', '천로역정 도전 골든벨', 피날레로는 '천로역정 창작 뮤지컬 공연'까지, 다채로운 사역을 통해 다음 세대들이 드디어 조금씩 깨어나기 시작했습니다.

이런 사역적 유익을 함께 나누고픈 마음에 본서를 출간합니다. 《천로역정》의 이야기는 단순한 문학적 서사에 그치지 않습니다. 이는 신자의 마음을 깊이 파고드는 영적 진리를 담고 있습니다. 그 진리는 다음 세대까지 충분히 깨웁니다. 이에 각 장의 내용을 마무리하며 가족, 혹은 소그룹 안에서 나눔을 할 수 있는 질문과 퀴즈를 함께 넣어 도움이 될 수 있게 했습니다. 또한 주일학교와 청년부의 공과 및 소그룹 예시를 부록에 넣어 《천로역정》이 교회 안에서 좀 더 효과적으로 활용될 수 있게 했습니다.

이 책을 통해 《천로역정》에 담긴 영적 진리가 오늘날의 교회와 성도들에게 새롭게 다가가기를 소망합니다. 그래서 우리 모두가 신앙의 여정을 충실히 걸어가기를 원합니다. 또한 이 책이 성도들이 믿음의 길을 더욱 견고하게 걸어가도록 돕는 도구가 되기를 기도합니다. 주님은 우리가 '좁은 문'으로 들어가기를 원하시며(마 7:13), 그 길이 비록 좁고 험할지라도 결코 혼자 걷게 하지 않으시기 때문입니다.

이 책이 완성되도록 은혜를 나누어 준 경산중앙교회의 모든 성도님과 영국으로 안식월을 다녀오도록 지원하고 기도해 준 당회에 감사드립니다. 또한《천로역정》의 내용이 각 구역과 소그룹에서 실제로 사용될 수 있도록 함께 노력해 준 부교역자들과 디자인, 영상 직원들에게도 감사를 드립니다. 특별히 부록에 함께 참여해 준 영아부 정인숙 전도사님, 유치부 은성수 목사님, 유년부 신주연 전도사님, 초등부 김혜성 목사님, 소년부 황진옥 전도사님, 눈키즈 권한영 전도사님, 중등부 김용호 목사님, 고등부 박휘 목사님, 소망부 김준혁 강도사님, 갈릴리 김보훈 목사님, 샬롬 이회중 목사님과 행복교재를 통해 '질문과 나눔'을 만든 안지현 사모님, '퀴즈 챌린지'를 만든 김은균 목사님께 감사드립니다. 마지막으로 영원한 나의 편, 사랑하는 가족에게 사랑과 감사를 전합니다.

2024년 10월
사랑과 감사로
김종원

¹³이 사람들은 다 믿음을 따라 죽었으며 약속을 받지 못하였으되 그것들을 멀리서 보고 환영하며 또 땅에서는 외국인과 나그네임을 증언하였으니 ¹⁴그들이 이같이 말하는 것은 자기들이 본향 찾는 자임을 나타냄이라 ¹⁵그들이 나온바 본향을 생각하였더라면 돌아갈 기회가 있었으려니와 ¹⁶그들이 이제는 더 나은 본향을 사모하니 곧 하늘에 있는 것이라 이러므로 하나님이 그들의 하나님이라 일컬음 받으심을 부끄러워하지 아니하시고 그들을 위하여 한 성을 예비하셨느니라 히 11:13-16

1

나는 순례자

여자들이 남자들과 대화할 때 가장 지루해하는 이야기 세 가지가
있다고 합니다. 그중 3위는 축구 이야기라고 합니다. 그리고 2위
는 군대 이야기라고 합니다. 그렇다면 대망의 1위는 무엇일까요?
바로 군대에서 축구한 이야기라고 합니다. 이상하게도 사람들이
군대에 다녀온 이야기하는 것을 보면 그 시절이 얼마나 좋았는
지, 표정에서 생기가 돕니다. 때로는 아련한 그리움까지 느껴집
니다. 그래서 "그렇게 좋으면 군대에 다시 가지 그래?" 하고 말하
면 다들 펄쩍 뛰면서 절대 안 간다고 손사래를 칩니다. 참 이상한
일이 아닐 수 없습니다.

그 시절로 다시 돌아갈 수는 없지만 왠지 그리운 것이 또 하
나 있습니다. 바로 고향입니다. 설이나 추석을 맞아 고향에 다녀

왔는데도 돌아서면 다시 그리움이 몰려오는 곳이 고향입니다. 본문에도 고향을 그리워했던 사람들이 나옵니다. 히브리서 11장은 '믿음의 장'이라는 별명이 붙어 있는데, 여기에 등장하는 에녹, 노아, 아브라함, 이삭, 야곱과 같은 믿음의 조상들도 한결같이 고향을 그리워했습니다. 어느 정도로 그리워했는지, 본문 13절을 보십시오.

이 사람들은 다 믿음을 따라 죽었으며 약속을 받지 못하였으되 그것들을 멀리서 보고 환영하며 히 11:13a

'그것들을 멀리서 보고 환영했다'는 것은 '사무치도록 그리워하고 사모했다'는 것입니다. 시인 노천명도 그의 시 〈망향〉에서 고향에 대한 그리움을 이렇게 노래합니다.

언제든 가리라
마지막엔 돌아가리라
목화꽃이 고운 내 고향으로
…
목사가 없는 교회당
회당지기 전도사가 강도상을 치며 설교하던 촌
그 마을이 문득 그리워
아라비아서 온 반마처럼 향수에 잠기는 날이 있다

언제든 가리

나중엔 고향 가 살다 죽으리

고향이 왜 이토록 그리운 것일까요? 고향이라고 찾아가면 실망하고 돌아설 때도 많은데, 또 고향에서 태어나 살고 있는데도 고향이 그리운 이유는 무엇일까요? 어쩌면 고향은 단순히 어떤 지역을 의미하는 것이 아닐 수 있습니다. 그것은 뿌리를 찾고 싶은 소망, 곧 우리 속에 본능처럼 있는 본향에 대한 그리움일 수 있습니다. 그 본향을 찾아가는 심정으로 기독교 고전인 《천로역정》을 중심으로 성경의 여러 말씀을 살펴보려고 합니다. 이 장은 그 서론입니다.

1678년에 출판된 존 번연의 《천로역정》은 전 세계에서 성경 다음으로 가장 많이 팔린 책입니다. 그래서 제2의 성경이라고 불립니다. 이 책은 1895년, 캐나다 선교사인 게일(James Scarth Gale)에 의해 조선 땅에 들어와 한글로 번역되었습니다. 신약성경이 한글로 번역된 것이 1887년인데, 신약성경이 번역된 지 불과 8년 만에 최초의 영한 번역 소설이 등장한 것입니다.

얼마 전, 《천로역정》 연구와 촬영을 위해 존 번연의 도시를 방문했습니다. 그곳에서 존 번연 박물관(John Bunyan Museum)을 방문했는데, 박물관 측에 의하면 《천로역정》은 전 세계 200개 이상의 언어로 번역되었고 약 400권 이상의 번역본이 출간되었다고 합니다. 그러면서 도서관을 보여 주었는데, 우리나라 언어로 번역

된 책도 있어 반가웠습니다. 그
때 마침 제가 가지고 있던 번역본
이 그곳에는 전시되어 있지 않아
서 박물관 큐레이터에게 저희 교
회의 이름으로 두란노서원에서
출간한《천로역정》을 기증했습니
다. 간단한 증정식과 함께 기증서
를 전달받았는데, 매우 특별한 경
험이었습니다.

설교의 황제로 불리는 찰스
스펄전(Charles Haddon Spurgeon)의 영

박물관으로부터 받은《천로역정》
증정 레터 ⓒ 김종원

감의 근원이 되었을 뿐 아니라, 그 옛날 1907년 평양 대부흥을 이
끌었던 길선주 목사에게도 회심의 계기가 되었던《천로역정》을
살피는 과정이 저와 이 글을 읽는 당신에게 기독교 신앙의 뿌리
를 찾아가는 여정이 되기를 바랍니다.

나는 순례자

먼저는《천로역정》이라는 제목의 의미를 정확하게 아는 것이 중
요합니다. 이 책의 원제는《*The Pilgrim's Progress from this world
to that which is to come*》으로서, 직역하면 '이 세상에서 장차 올

존 번연 박물관 외관 ⓒ 위키피디아

존 번연 박물관 내《천로역정》도서관 세션 ⓒ 김종원

세상에 이르는 나그네의 길'입니다.

본문에서 히브리서 기자는 믿음의 선진들이 어떻게 살았다고
이야기합니까?

**그것들을 멀리서 보고 환영하며 또 땅에서는 외국인과 나그네임을 증언
하였으니** 히 11:13b

민음의 선진들은 이 땅에서 외국인과 나그네로 살았습니다. 마
찬가지로 우리 또한 이 땅에서 나그네로 살다가 가는 존재입니다.

우리의 삶을 설명하는 이 같은 표현이 본문에만 나오는 것은
아닙니다. 베드로전서에서도 "사랑하는 자들아 거류민과 나그네
같은 너희를 권하노니"(벧전 2:11)라고 말씀합니다. 그런데 우리는
이 '나그네'라는 표현을 '정처 없이 떠도는 처량한 존재'라고 오
해합니다. 아닙니다. '나그네'의 정확한 의미는 '순례자'입니다.

순례자는 유랑자나 방랑자가 아닙니다. 정확한 목적지가 있는
여행자입니다. 그것도 거룩한 목적을 가지고 떠나는 여행자입니
다. 오래된 복음성가 가운데 〈나는 순례자〉라는 찬양이 있습니다.

나는 순례자 낯선 나라에
언젠가 집에 돌아가리
어두운 세상 방황치 않고
예수와 함께 돌아가리

나는 순례자 돌아가리

날 기다리는 밝은 곳에

곧 돌아가리 기쁨의 나라

예수와 함께 길이 살리[*]

위의 가사만 보더라도 계속 뭐라고 노래합니까?

'돌아가리.'

《천로역정》에도 반복해서 나오는 질문이 있습니다.

"너는 어디에서 와서 어디로 가느냐?"

존 번연은 영국의 국교인 성공회만을 인정하던 당시 순수 복음을 전하다가 12년간 옥고를 치렀습니다. 그 후로도 몇 차례 더 수감되었는데, 그 기간에 탄생한 역작이 바로《천로역정》입니다. 그는 그렇게 자신의 이름을 세상에 알릴 수 있었습니다. 수백 년이 지난 지금도 우리는 그의 이름을 기억합니다. 하지만 이름을 남겼다 하더라도 그는 한 명의 순례자일 뿐입니다. 더 나은 본향, 영혼의 본향을 사모하는 순례자로서의 삶을 완주했다는 점에서 그는 성공적인 인생을 살았다고 할 수 있습니다.

존 번연과 비슷한 시대에 살았던 인물로 독일 문학의 최고봉이라 일컬어지는 괴테(Johann Wolfgang von Goethe)는 부모가 자녀에게 해 줄 수 있는 두 가지가 있다고 이야기합니다. 그중 하나는, 날개를 달아 주는 것이라고 말합니다. 충분히 수긍이 되는 내용입니다. 하

<hr>

[*]　조이스 리(Joyce Lee) 작사/작곡, 〈나는 순례자〉

지만 날개를 달아 주더라도 그 방향이 중요합니다. 그런 의미에서 《천로역정》은 믿음의 순례길을 걸어가는 우리 자녀들에게 정확한 방향을 알려 주는 신앙의 나침반 역할을 할 것입니다.

두 번째는, 뿌리를 알려 줘야 한다고 말합니다. 우리가 어디에서 왔고 어디로 가는지를 아는 것은 중요한 문제입니다. 우리는 그냥 떠도는 인생이 아닙니다. 나그네가 아닙니다. 우리는 분명한 목적지가 있는 순례자입니다. 만일 오늘 우리가 생을 다한다 할지라도 우리의 목적지는 분명합니다. 그 목적지에 도달하면 우리가 이 땅에서 어떤 삶을 살았든 상관없이 우리는 승리자인 것을 믿기 바랍니다.

더 나은 본향을 향해 떠나는 순례자

그러면 우리의 목적지는 어디입니까? 본문 14절은 믿음의 선진들에 대해 '본향을 찾는 자'라고 말씀합니다. 여기서 본향은 어떤 곳입니까?

그들이 이제는 더 나은 본향을 사모하니 곧 하늘에 있는 것이라 히 11:16a

본문은 '더 나은 본향'이라고 말씀합니다. 그렇다면 다른 본향도 있다는 것인데, 그 내용이 본문 15절에 기록되어 있습니다.

위의 말씀에서의 '나온바 본향'은 태어난 고향을 의미합니다. 믿음의 선진들도 태어나 자란 곳이 있었습니다. 그들도 떠나온 고향에 대한 그리움이 있었습니다. 하지만 이제는 더 나은 본향, 곧 하늘에 있는 그곳을 그리워한다는 것입니다.《천로역정》의 주인공인 '크리스천'(Christian)도 마찬가지입니다. 그도 고향에 대한 애틋함이 있었습니다. 하지만 그의 고향은 '멸망의 도시'(City of Destruction)였습니다. 그는 더 나은 본향을 향해 순례의 길을 떠날 수밖에 없었습니다. 우리도 '나온바 본향', 다시 말해 '고향'에 대한 그리움 혹은 이 땅에 애착이 가는 것들이 있지만, 그것들을 다 뒤로하고 '더 나은 본향'인 천국을 사모하는 자들이 되어야 할 것입니다.

유치원에 다니는 한 어린아이가 목사님에게 물었습니다.

"목사님! 하늘나라가 있어요?"

"그럼, 있지."

"하늘나라는 좋은 곳이죠?"

"그럼, 좋고 말고."

"목사님은 하늘나라에 가 보셨어요?"

"아니, 안 가 봤는데."

"그런데 어떻게 그걸 아세요?"

"하늘나라가 얼마나 좋은지, 간 사람 중에 아무도 돌아온 사람이 없단다.”

'더 나은 본향을 사모한다'고 할 때 '사모하다'는 다시 돌아오고 싶지 않을 정도로 좋은 것을 의미합니다. 헬라어로는 '오레곤타이'라 하는데, 이는 '열렬히 갈망하다'라는 뜻입니다. 그렇다면 '더 나은 본향'이 어떤 곳이기에 이토록 갈망하는 것일까요?

하나님이 그들의 하나님이라 일컬음 받으심을 부끄러워하지 아니하시고 그들을 위하여 한 성을 예비하셨느니라 히 11:16b

무엇보다 그곳은 죄와 문제 많은 우리가 아버지를 불러도 되는 곳, 육신의 아버지를 뛰어넘어 영의 아버지가 계시는 곳이기에 그렇습니다. 간혹 이렇게 말하는 사람이 있습니다.

"감히 우리가 하나님을 아버지라고 불러도 됩니까?"

본문을 보십시오. "하나님이 그들의 하나님이라 일컬음 받으심을 부끄러워하지 아니하시고"라고 말씀하고 있습니다. 오히려 아버지라고 불리기를 기뻐하는 하나님 아버지가 계신 곳이기에 우리는 그곳을 사모하는 것입니다.

우리가 얼마나 성공했는지는 중요하지 않습니다. 간혹 명절에 고향을 찾아가려 해도 초라한 모습에 용기가 나지 않을 때가 있습니다. 그래서 취직을 못 한 청년들은 고향에 잘 내려가지 못합니다. 그러나 하나님 아버지는 우리의 모습을 전혀 부끄러워하지 않으십니다. 우리 인생의 성적표가 어떻든 우리를 부끄러워하지 않고 안아 주시는 하나님 아버지가 계시기에 그곳을 그토록 사모하는 것입니다.

그뿐만이 아닙니다. 하나님은 우리를 위해 '한 성을 예비'하는 분이십니다. 우리를 부끄럽다 내치지 않고 품어 주실 뿐만 아니라, 우리를 위해 한 성을 예비하셨다는 것입니다. 더욱이 그 성에서 어떻게 해 주신다고 말씀합니까?

모든 눈물을 그 눈에서 닦아 주시니 다시는 사망이 없고 애통하는 것이나 곡하는 것이나 아픈 것이 다시 있지 아니하리니 처음 것들이 다 지나갔음이러라 계 21:4

우리를 자랑스럽게 여기고 사랑하는 하나님 아버지가 우리를 위해 예비해 놓으신 그 성에서 우리 인생의 수고, 우리의 한숨, 우리의 슬픔, 우리의 눈물을 닦아 주신다는 것입니다. 우리의 사무치는 그리움과 고향이 그리운 원인 모를 빈 가슴까지도 다 채워 주시는 하나님, 그 아버지의 품이 있는 그곳이 바로 '더 나은 본향'임을 믿으십시오. 그리고 그 본향을 사모하십시오.

우리에게는 세상 사람들이 알 수 없는 더 나은 본향에 대한 가슴 벅찬 그리움이 있습니다. 우리는 '우리 영혼의 본향'을 사모하며 길을 걷는 순례자이기 때문입니다. 이 마음으로 살아갈 때 매주 드리는 예배 또한 더 나은 본향을 사모하고 고대하는 축복의 예배가 될 것입니다.

1. 성경 다음으로 가장 많이 팔렸으며 제2의 성경이라고 불리는 책은 무엇인가?

2. 《천로역정》의 저자는 누구인가?

3. 《천로역정》이 한글로 번역된 해는 언제인가?

4. "《천로역정》은 순례길을 걸어가는 우리 자녀들에게 정확한 방향을 알려 주는 신앙의 (   ) 역할을 할 것입니다." 빈칸에 알맞은 말은 무엇인가?

5. "우리는 더 나은 본향을 사모하며 나아갈 (   )입니다." 빈칸에 알맞은 말은 무엇인가?

1. 천로역정 2. 존 번연 3. 1895년 4. 나침반 5. 순례자

1. '나는 (   )입니다'라는 문장의 빈칸을 채워 보십시오. 그렇게 답
   한 이유를 나누고, 삶의 목적과 방향을 담은 자신의 정체성에 대해 이야
   기해 봅시다.

2. 순례자는 어떤 사람이며, 나그네와의 차이는 무엇입니까(히 11:13; 벧전
   2:11)? 당신은 분명한 목적지가 있는 순례자입니까? 당신의 삶의 목적지는
   어디입니까?

3. 순례자의 목적지는 어디입니까? '나온바 본향'과 '더 나은 본향'에 대해
   살펴봅시다(히 11:15-16). 당신은 '더 나은 본향'에 대한 갈망이 있습니까?
   방향을 담은 당신의 정체성에 대해 이야기해 봅시다.

4. '더 나은 본향'을 사모하고 갈망하는 이유는 무엇입니까(히 11:16)? 우리를
   위해 예비된 한 성은 어떤 곳인지 살펴봅시다(계 21:4).

5. 《천로역정》은 '멸망의 도시'를 떠나 '더 나은 본향'(천성)을 향해 나아가는
   순례자의 걸음을 이야기합니다. 다음 세대와 함께 믿음의 순례길을 떠나
   는 여정을 사모하며, 매주 축복의 예배가 되게 해 달라고 기도합시다.

³⁷ 그들이 이 말을 듣고 마음에 찔려 베드로와 다른 사도들에게 물어 이르되 형제들아 우리가 어찌할꼬 하거늘 ³⁸ 베드로가 이르되 너희가 회개하여 각각 예수 그리스도의 이름으로 세례를 받고 죄 사함을 받으라 그리하면 성령의 선물을 받으리니 ³⁹ 이 약속은 너희와 너희 자녀와 모든 먼 데 사람 곧 주 우리 하나님이 얼마든지 부르시는 자들에게 하신 것이라 하고 ⁴⁰ 또 여러 말로 확증하며 권하여 이르되 너희가 이 패역한 세대에서 구원을 받으라 하니 ⁴¹ 그 말을 받은 사람들은 세례를 받으매 이날에 신도의 수가 삼천이나 더하더라 ⁴² 그들이 사도의 가르침을 받아 서로 교제하고 떡을 떼며 오로지 기도하기를 힘쓰니라 행 2:37-42

2

구도자에서 순례자로

34,012명의 네티즌이 짤막한 글로 인생을 노래한 《브라보 마이 라이프》라는 책이 있습니다. 네티즌들은 인생의 여정을 이렇게 정의했습니다.

한 살 - 자고 또 자고, 잠에 푹 빠져 버린다.

두 살 - 기어가느냐, 걸어가느냐, 그것이 문제로다.

세 살 - 떼를 쓰면 엄마가 들어 줄 때도 있고 야단칠 때도 있어 헷
      갈린다.

다섯 살 - 이제 투정 부리면 돌아오는 것은 분유가 아닌 회초리이다.

열네 살 - 더 이상 엄마가 사다 주는 옷은 입기 싫다.

열아홉 살 - 열아홉 살보다는 고3으로 많이 불린다.

스물한 살 – 교복을 벗어 버리니, 군복을 입혀 주더라.

스물네 살 – 꿈을 꾸려면 잠을 자고, 꿈을 이루려면 잠들지 말아
  야 한다는 말이 실감 난다.

마흔다섯 살 – 자기 말은 많아지고 남의 말은 잘 듣지 않는다.

쉰 살 – 요즘 애들의 추세에 도저히 따라갈 수가 없다.

쉰여섯 살 – 동네 꼬마들이 인사할 때 '할아버지'라고 불러야 할
  지 '아저씨'라고 불러야 할지 고민들을 한다.

예순세 살 – 다시 어린아이가 되어 간다.

예순여덟 살 – 될 수 있으면 말을 짧게 해야 대접을 받는다.

일흔한 살 – 질병도 삶의 일부가 되는 나이다.

여든한 살 – 70을 넘길 수 있을까 생각했는데 막상 80이 넘으니
  오래 살고 싶은 마음이 강해진다.

아흔두 살 – 안 그런 척하지만 죽음이 두렵다.

백 살 – 인생은 그 자체로 아름다운 여행이었다.[*]

어느 정도 실감이 납니까? 이것이 인생이라고 합니다.

'스핑크스의 수수께끼'라는 이야기가 있습니다. 스핑크스는 그 앞을 지나가는 사람에게 수수께끼를 낸다고 합니다. "아침에는 네 발로, 점심에는 두 발로, 저녁에는 세 발로 걷는 것이 무엇인가?"라는 질문에 정답을 말하면 살려 보내고, 대답을 못 하면 죽였다는 전설입니다. 정답이 무엇입니까? '사람'입니다. 아침

---

[*] 네티즌,《브라보 마이 라이프》(은행나무).

안개와 같은 인생의 한계를 깨닫지 못하는 사람은 살 가치가 없다는 교훈입니다.

.그렇습니다. 우리는 모두 한계를 가진 인생입니다. 겨우 두 발로 걷나 싶으면 지팡이를 짚어야 합니다. 그렇기에 우리에게는 진리를 찾고자 하는 마음이 있습니다. 영원한 것들을 찾고 싶어 합니다. 그것이 질풍노도의 시기를 맞이한 청소년이든, 청년이든, 인생의 무거운 책임을 진 장년이든, 아니면 인생의 황혼이 깃든 노년이든, 어떤 시기를 살든 자신의 내면을 솔직히 들여다보면 진리를 찾고 싶은 마음이 있다는 것을 알게 됩니다. 그리고 그런 사람을 구도자(求道者)라고 부릅니다. 즉 진리를 찾는 사람입니다.

앞 장에서도 이야기했지만, 《천로역정》의 주인공은 '크리스천'입니다. 넌 크리스천, 곧 불신자 혹은 대적자가 아닙니다. 순례의 길을 시작하기 전부터 그는 크리스천이라는 이름을 갖고 있었습니다. 그러나 아직 복음의 진리는 잘 모르기에 진리를 찾는 중입니다. 우리는 그런 사람을 구도자라고 부릅니다. '순례자'이기 이전에 '구도자'인 것입니다.

크리스천은 진리에 대한 갈망만 하고 주저앉아 있지 않았습니다. 간혹 주변에서 안타까운 경우를 만나는데, 전도를 하다 보면 '언젠가는 교회에 갈 거라고, 마음속으로는 하나님을 믿고 있지만 지금은 아니라고' 말하는 사람들이 있습니다. 진리를 갈망만 하고 그것을 찾아 나서는 순례의 길을 떠나지는 않는 것입니다. 그러나 크리스천은 다릅니다. 그는 실제로 떠납니다. 그렇다면 그게 언제부터입니까?

말씀이 들려야 한다

《천로역정》에 보면 이런 대목이 나옵니다.

> 그는 손에 든 책을 펴서 읽다가 눈물을 흘리기도 하고 괴로운 듯
> 몸을 떨기도 했다. 그러다 이내 고통스러운 절규를 내뱉었다.
> "아, 난 이제 어떻게 해야 한단 말인가!"^{행 2:37*}

"아, 난 이제 어떻게 해야 한단 말인가!"라는 내용에 정확하게
대칭되는 표현이 본문의 내용입니다.

> **그들이 이 말을 듣고 마음에 찔려 베드로와 다른 사도들에게 물어 이르
> 되 형제들아 우리가 어찌할꼬 하거늘** 행 2:37

예수님이 부활 후 잠시 나타나 함께 계셨다가 하늘로 올려지
는 것을 제자들이 목격하게 됩니다. 그때 "예루살렘을 떠나지 말
고 내게서 들은바 아버지께서 약속하신 것을 기다리라 … 너희는
몇 날이 못 되어 성령으로 세례를 받으리라"(행 1:4-5)라는 말씀대

----

* 존 번연, 《천로역정》(이하 두란노 역간), p. 23.

36

로 제자들은 성령을 약속받게 됩니다. 그리고 나서 사도행전 2장에서 성령 강림의 역사를 경험하게 됩니다. 그때가 오순절이라는 절기였기에 우리는 이것을 '오순절 성령 강림 사건'이라고 말합니다. 앞의 말씀은 그 사건 이후에 터져 나온 탄식입니다.

그런데 자세히 살펴보면 오순절 성령 강림 사건 이후에 베드로가 이 모든 역사를 말씀으로 풀어냅니다. "그런즉 이스라엘 온 집은 확실히 알지니 너희가 십자가에 못 박은 이 예수를 하나님이 주와 그리스도가 되게 하셨느니라"(행 2:36)라는 베드로의 말씀이 선포된 직후에 37절의 탄식이 쏟아진 것입니다.

사실 오순절 성령 강림 직후에 볼 수 있는 반응은 주로 '놀람' 혹은 '당황'이었습니다.

다 놀라며 당황하여 서로 이르되 행 2:12

그러나 베드로의 변증적 설교가 더해지면서 말씀이 들리게 되자 '당황'은 곧 '탄식'으로 바뀌었습니다. 《천로역정》의 주인공인 크리스천도 같은 경험을 합니다. 그의 손에는 책 한 권이 들려 있었는데, 바로 성경이었습니다. 그가 성경을 펴는 순간 말씀이 그에게 역사하기 시작합니다. 그러면서 그는 자신이 태어나 자란 곳이 '멸망의 도시'라는 것을 깨닫게 됩니다. 그런 그가 이렇게 탄식합니다.

"아하, 난 이제 어떻게 해야 한단 말인가!"

순례의 길은 이러한 탄식과 함께 시작됩니다. 그러기에 탄식이 나쁜 것만은 아닙니다.

인생의 진리를 찾고 있습니까? 구도하고 있습니까? 당신의 심령에 말씀이 들리기를, 말씀으로 말미암은 탄식이 일어날 수 있기를 바랍니다. 그러나 중요한 것은 이러한 말씀이 주로 언제 들리는가입니다. 《천로역정》도 그것을 설명하지는 않습니다. 하지만 언젠가 이에 대한 깨달음을 얻은 적이 있습니다. 어느 날 존경하는 목사님 교회의 홈페이지에 들어갔는데 대문에 이런 글귀가 걸려 있었습니다.

"하나님은 예배 때 말씀하십니다."

그렇습니다. 하나님은 예배 때 가장 확실히 말씀하십니다. 그래서 신령과 진정이 먼저입니다. 본문의 내용도 마찬가지입니다. 120명의 제자가 소위 마가의 다락방이라고 일컬어지는 곳에 모였습니다. 다락방이라고 하면 대개 옹기종기 모여 앉아 고개도 들 수 없는 곳을 생각하는데, 그런 곳이 아닙니다. 대저택의 2층에 위치한 회랑이었습니다. 열두 사도를 비롯한 120명의 제자가 그곳에 모여서 무엇을 하다가 역사가 일어나게 된 것입니까? 전심으로 예배하다가, 기도하고 말씀을 듣다가 놀라운 역사가 일어나게 된 것입니다.

결단이 필요하다

그런데 말씀이 들렸다 하더라도 그다음에 필요한 것이 있습니다. 말씀이 들렸다고 해서 모두가 이 길을 나서지는 않습니다.《천로역정》에도 보면 모두가 말립니다. 동네 사람들도, 심지어 가족들도 말입니다. 처음에는 걱정스럽게 말리더니 나중에는 조롱합니다. 그래서 크리스천은 이러지도 못하고 저러지도 못한 채 결국 한 걸음도 옮기지 못하고 우두커니 서 있기만 했습니다.

우리도 그럴 때가 있지 않습니까? 알기는 다 아는데 무엇을 어떻게 해야 할지를 모를 때가 있습니다. 그때 결단이 필요합니다. 크리스천은 결단이 필요할 때 '전도자'(Evangelist)를 만납니다.

전도자가 다가와 왜 그렇게 울고만 있는지를 묻습니다. 이에 크리스천은 "선생님! 저는 이 책(성경)을 읽고 죽음과 심판이 기다리고 있다는 것을 깨달았습니다. 저는 이 무거운 죄 짐을 견딜 수 없습니다"라고 말합니다. 그러자 전도자는 왜 가만히 서 있느냐면서 손으로 가리켜 '좁은 문'(Wicket Gate)으로 향해 가라고 말합니다.

존 번연은 그 당시 세례 요한 같은 사람이었다고 합니다. 그는 어디서나 설교하고 복음을 증거하는 사람이었습니다. 그가 설교했던 사과밭 위에 번연 미팅(Bunyan Meeting) 교회가 세워졌는데, 교회 안에는 죄 짐을 지고 굽은 등으로 낑낑거리는 크리스천과 나아가야 할 방향을 정확히 알려 주는 전도자의 모습이 스테인드글라스로 장식되어 있습니다.

크리스천과 전도자 ⓒ 번연 미팅 교회

이처럼 전도자는 방향을 제시해 주는 사람입니다. 본문을 보십시오. 사람들이 어찌할 바를 몰라 할 때 베드로가 "너희가 회개하여 각각 예수 그리스도의 이름으로 세례를 받고 죄 사함을 받으라 그리하면 성령의 선물을 받으리니"(행 2:38)라고 말하며 정확한 방향을 제시합니다. 그의 정확한 인도로 "그 말을 받은 사람들은 세례를 받으매 이날에 신도의 수가 삼천이나"(행 2:41) 더해졌습니다. 다음 장에서 살피겠지만, 크리스천이 좁은 문을 통해 길을 나선 후에 미혹하게 하는 사람을 만났을 때도 그는 전도자를 만나 올바른 길로 인도함을 받습니다.

당신에게도 이런 나침반과 같은 사람이 있습니까? 인생의 정확한 방향을 제시해 주는 사람을 만났습니까? 인생의 결단이 필요한 시점에 누군가가 우리에게 전도자가 되어 주었기에 우리가 그리스도인이 된 것임을 기억하기 바랍니다.

존 번연의 인생에도 이런 만남이 있었습니다. 20대 때, 그는 구원의 문제로 심각하게 고민하고 있었습니다. 마을 잔디밭에서 영적으로 강렬한 체험을 하기도 했지만 복음의 진리를 제대로 깨닫지는 못했습니다. 그 당시 사람들처럼 그저 열심히 교회에 다니며 종교 생활을 하는 정도였습니다. 그러나 그의 내면의 죄책감과 갈등은 점차 심각해지고 있었습니다.

그러던 중에 우연히 가난하고 볼품없는 여인들이 구원의 확신과 거듭남의 기쁨에 대해 대화하는 것을 엿듣게 됩니다. 그 여인들의 대화는 존 번연을 완전히 사로잡을 만큼 충격적이었습니다. 그때 그는 자신이 하나님에 대해 어렴풋하게 알고 있을 뿐 아니라 교회에도 다니고 있었지만, 단 한 번도 거듭남이 없었다는 사실을 깨닫게 됩니다. 다시 말해, 하나님의 자녀라는 깨달음이 없었던 것입니다. 그러면서 그 여인들에게 구원의 확신을 심어 준 교회의 목사님을 만나고 싶다는 생각을 하게 됩니다.

이후 그는 세인트 존 교회에서 존 기포드(John Gifford) 목사를 통해 말씀을 듣고 구원의 확신을 갖게 됩니다. 그리고 스물다섯 살의 나이에 우즈 강변에서 세례를 받게 됩니다. 그렇게 그는 영적으로 다시 태어나게 되었습니다.

당신에게도 이러한 결단의 순간에 인생의 방향을 제시해 줄 수 있는 전도자를 만나는 축복이 있기를 바랍니다. 이미 만났다면, 이제는 헤매는 영혼들의 결단을 돕는 전도자의 사명까지 감당할 수 있기를 바랍니다.

절망의 늪을 통과해야 한다

그러나 그렇게 순례의 길을 결단하고 떠나도 그 여정이 참 만만하지 않습니다. 베드로의 말씀 선포 앞에 "형제들아 우리가 어찌할꼬" 탄식하며 믿음의 결단을 했지만, 이어지는 역사는 무엇입니까? 채찍질이 기다리고 있었습니다. 예수의 이름으로는 말하지도 말고, 가르치지도 말라는 박해와 환난이 기다리고 있었습니다.

《천로역정》의 크리스천도 믿음의 길을 걷다가 이내 절망의 늪에 빠집니다. 대부분의 어린 성도들이 여기서 헤매다가 믿음의 길을 포기하기도 합니다. 《천로역정》은 정확하게 그 장면을 그리고 있는데, 크리스천이 전도자가 가르쳐 준 대로 순례의 길을 걷다가 따라오는 두 사람을 만나게 됩니다. '고집'(Obstinate)과 '변덕'(Pliable)입니다.

크리스천은 이들에게 또 다른 전도자가 되어 '천성'(Celestial City)을 향해 같이 가자고 합니다. 그러나 고집은 왜 편안하고 안

고집과 변덕 © 필그림하우스

락한 고향과 집을 버리고 순례의 길을 떠나야 하느냐며 고집을
피웁니다. 심지어는 크리스천을 정신병자로 몰아갑니다. 이 정도
로 굳은 마음이면 방법이 없습니다. 반면에 변덕은 영원한 나라,
영원한 생명, 영광의 면류관에 관한 이야기를 듣고 막 흥분합니
다. 그런 곳이라면 자신도 따라나서겠다고, 말로 듣기만 해도 감
격스럽다며 서둘러서 길을 가자고 재촉합니다. 그러던 중 크리스
천과 변덕이 순례의 길을 걷다가 늪지대를 만나게 됩니다. 그러
다 그만 잘못해서 늪에 빠지게 됩니다. 바로 '절망의 늪'(Slough of
Despond)입니다. 절망의 늪에 빠져서 허우적거리며 필사적으로 빠
져나오려고 하지만 그럴수록 더 깊이 빠져들고 맙니다.

　여기에서 옥석이 가려집니다. 고집은 벌써 떠나고 없고, 같이
길을 걷던 변덕은 절망의 늪에 빠지자 '이게 뭐냐고, 이게 당신이

말한 영원한 나라, 영원한 생명, 영원한 면류관이냐고, 이게 당신이 말한 행복이냐고' 말하며 원망합니다. 그러고는 가까스로 늪에서 빠져나온 뒤 욕을 하고는 떠나 버립니다.

혹시 당신도 한때는 변덕과 같은 사람이 아니었나요? 이게 도대체 뭐냐고, 예수 믿으면 대단한 축복은 아니어도 일이 좀 풀려야 되는 것 아니냐고, 그런데 이게 뭐냐고 불평하며 절망의 늪에 빠져 원망하는 변덕과 같은 사람은 아니었나요? 그런데 기억해야 할 것은, 믿음의 길을 걷는 순례자이기를 원한다면 절망의 늪도 통과해야 한다는 사실입니다. 크리스천도 나중에는 절망의 늪에서 빠져나옵니다. 그때는 알아채지 못했지만, 그 늪에는 디딤돌이 있었습니다. 시편은 이것을 이렇게 노래합니다.

나를 기가 막힐 웅덩이와 수렁에서 끌어올리시고 내 발을 반석 위에 두사 내 걸음을 견고하게 하셨도다 시 40:2

혹시 지금 절망 가운데 있습니까? 비록 눈에 잘 보이진 않지만 하나님이 마련해 놓으신 디딤돌이 있다는 것을 기억하십시오. 그럴 때 그 디딤돌을 딛고 절망의 늪을 통과하게 될 것입니다.

진리를 찾아서 떠나는
우리는 순례자요, 구도자입니다.

1. 《천로역정》의 주인공은 누구인가?

2. 크리스천에게 천국으로 가는 순례의 길을 시작하도록 좁은 문으로 안내한 사람은 누구인가?

3. 순례의 길을 안내받은 크리스천은 손으로 귀를 틀어막고 계속해서 달리면서 뭐라고 외치는가?

4. 크리스천이 순례를 시작하기 전에 살던 고향으로 희망도, 기쁨도 없는 도시의 이름은 무엇인가?

5. 멸망의 도시를 떠나 좁은 문까지 가려면 반드시 거쳐야 하는 곳으로, 죄를 깨달을 때 생기는 온갖 찌꺼기와 오물이 가득한 그 늪의 이름은 무엇인가?

1. 크리스천 2. 전도자 3. "생명! 생명! 영원한 생명!" "소망! 소망! 영원한 소망!" "영광! 영광! 영원한 영광!" "믿음! 믿음! 영원한 믿음!" 4. 멸망의 도시 5. 절망의 늪

1. 순례의 길은 언제 시작되었습니까(행 1:4-5, 2:12, 36-37)?

2. 최근에 하나님이 예배 가운데 언제, 뭐라고 말씀하셨는지 나누어 봅시다.

3. 말씀이 들린 후에는 무엇을 해야 합니까? 신앙의 결단을 할 때 필요한 사람은 누구이며 어떤 역할을 합니까(행 2:38, 41)? 당신이 만난 전도자는 누구이며, 당신은 누구에게 전도자가 되고 싶은지 나누어 봅시다.

4. 순례자는 순례의 길에서 무엇을 통과해야 합니까? 당신은 어떤 절망의 늪을 만났습니까? 그 늪에서 하나님이 마련해 두신 디딤돌을 발견하고 빠져나온 경험이 있다면 나누어 봅시다(시 40:2).

5. 《천로역정》의 주인공인 크리스천은 구도자에 머물러 있지 않고 복음의 진리를 찾아 나서는 순례의 길을 떠납니다. 매주 드려지는 예배를 통해 하나님의 말씀을 듣고 결단하며, 누군가의 전도자가 되고, 절망의 늪을 만날 때 하나님께서 마련해 놓으신 디딤돌을 딛고 통과할 수 있게 해 달라고 기도합시다.

¹³좁은 문으로 들어가라 멸망으로 인도하는 문은 크고 그 길이 넓어 그리로 들어가는 자가 많고 ¹⁴생명으로 인도하는 문은 좁고 길이 협착하여 찾는 자가 적음이라 ¹⁵거짓 선지자들을 삼가라 양의 옷을 입고 너희에게 나아오나 속에는 노략질하는 이리라 마 7:13-15

3

좁은 문으로 들어가라

실존주의 철학의 거장이자 프랑스가 사랑한 장 폴 샤르트르(Jean Paul Sartre)는 '인생'에 대해 이렇게 이야기했습니다.

"인생은 B로 시작해서 D로 끝난다."

B는 'birth'(출생)를 말하고, D는 'death'(죽음)를 말합니다. 어떻게 보면 평이한 이야기라 할 수 있습니다. 그런데 그는 여기서 더 나아가 "B와 D 사이에는 C가 있다"고 했습니다. 여기서 C는 'choice'(선택)입니다. 한마디로 인생은 선택의 연속이라는 것입니다. 우리가 하는 선택은 '자유'입니다. 하지만 이것이 부담이 되는 이유는, 선택에는 '책임'이 따르기 때문입니다.

우리는 이 땅에 태어나 천성을 향해 나아가는 순례자입니다. 그 순례의 여정 중에 우리는 두 종류의 문 앞에 서게 됩니다. '좁은 문'과 '넓은 문'입니다. 우리는 이 중에서 하나를 선택해야 합니다. 그런데 성경은 우리에게 '좁은 문'으로 들어가라고 말씀합니다. 그렇다면 왜 좁은 문으로 들어가야 하는 것일까요? 문은 언제나 길과 맞닿아 있기 때문입니다.

넓은 문이란

좁은 문에 대해 살피기에 앞서 우선 '넓은 문'에 대해 살펴보겠습니다. 본문은 좁은 문으로 들어가라고 하면서 "멸망으로 인도하는 문은 크고 그 길이 넓어 그리로 들어가는 자가 많고"(마 7:13)라고 말씀합니다. 크고 넓은 문은 멸망으로 이끈다는 것입니다. 까딱 잘못하면 그 길로 휩쓸릴 수 있다고 경고합니다. 왜냐하면 그 길로 이끄는 못된 것이 있기 때문입니다.

> **거짓 선지자들을 삼가라 양의 옷을 입고 너희에게 나아오나 속에는 노략질하는 이리라** 마 7:15

성경이 말씀하는 못된 것은 '양의 옷을 입고 노략질하는 이리', 곧 '거짓 선지자들'입니다. 《천로역정》에도 곳곳에 거짓 선지자가 나옵니다. 주인공인 크리스천이 무거운 짐을 지고 좁은 문으로 들어가려 할 때 그곳에서 '세속 현자'(Worldly Wiseman)라고 불리는 거짓 선지자를 만납니다. 그런 그가 크리스천을 곁길로 이끕니다. 왜 이렇게 무거운 짐을 지고 이 고생을 하고 있느냐고, 하루라도 빨리 그 짐을 벗어 던져 버리라고 말하며 크리스천을 미혹합니다. 그러면서 '방법은 가까이에 있다'고 하자 순진한 크리스천은 제발 그 방법을 알려 달라고 간청합니다.

그때 세속 현자가 그럴싸한 방법을 제시해 줍니다. 좁은 문으로 들어가 천성을 향해 나아가야 할 사람에게 그리로 가지 말고 다른 마을로 가라고 일러 줍니다. 그러면서 '도덕'(Morality)이라는 마을에 가면 '율법주의'(Legality) 선생을 만나게 될 텐데, 그가 그 무거운 짐을 당장 벗게 해 줄 거라고 이야기합니다. 세속 현자는 무거운 죄 짐을 벗을 수 있는 방법으로 율법을 제시해 준 것입니다. 하지만 성경은 뭐라고 말씀합니까?

그러므로 율법의 행위로 그의 앞에 의롭다 하심을 얻을 육체가 없나니 율법으로는 죄를 깨달음이니라 롬 3:20

율법으로는 의롭다 함을 얻을 육체가 없다고 말씀합니다. 율법으로는 죄를 깨달을 수 있을 뿐입니다. 율법은 아무리 잘 지켜도 단 하나의 계명을 어기면 죄인이 되고 맙니다. 하나님의 심판과 저주를 피할 수 없게 됩니다.

무릇 율법 행위에 속한 자들은 저주 아래에 있나니 기록된바 누구든지

율법 책에 기록된 대로 모든 일을 항상 행하지 아니하는 자는 저주 아래에 있는 자라 하였음이라 ^{갈 3:10}

그러므로 율법을 지켜 하나님께 의롭다 함을 얻을 사람은 아무도 없는 것입니다. 그런데 세속 현자는 계속해서 말합니다. 혹시 율법주의 선생이 집에 없으면 그의 아들인 '예의'(Civility)에게서 도움을 받을 수 있다고 미혹합니다. '넓은 문'은 물리적으로 넓은 것만을 이야기하는 것이 아닙니다. 율법과 도덕, 다시 말해 합리적인 예의를 지켜서 구원을 추구하는 세상적인 상식의 문이 넓은 것을 의미합니다.

그리스도인 가운데도 '그게 뭐 어때서' 하고 생각하는 사람이 있을 수 있습니다. 사실 도덕, 합리, 예의, 종교적인 율법이 나쁜 것은 아닙니다. 그러나 구원은 다릅니다. 착하게 살거나 예의 바르게 행동하면 구원받을 수 있습니까? 성경은 "만물보다 거짓되고 심히 부패한 것은 마음이라 누가 능히 이를 알리요"(렘 17:9)라고 말씀합니다. 아무리 윤리적이거나 도덕적인 삶을 살아도 그것으로 구원의 자격을 얻을 사람은 없다는 것입니다.

좁은 문이란

그렇다면 좁은 문이란 무엇일까요? 성경은 좁은 문에 대해 '좁고 길이 협착하여 찾는 자가 적지만 생명으로 인도하는 문'이라고 말씀합니다.

생명으로 인도하는 문은 좁고 길이 협착하여 찾는 자가 적음이라 마 7:14

서울에서 부산으로 가는 비행기에 탄 할머니 한 분이 좌석에 앉았습니다. 그런데 앞에 보니 넓은 자리가 있어서 얼른 자리를 옮겼습니다. 비즈니스석이었습니다. 승무원이 "할머님 자리는 뒤에 있으니 뒤로 가십시오"라고 했지만 할머니는 들은 척도 하지 않았습니다. 넓은 자리가 좋았던 것 같습니다. 몇 번을 말해도 듣지 않자 잠시 후 고참 승무원이 와서 귓속말로 속삭였습니다. 그러자 할머니가 얼른 제자리로 돌아갔습니다. 무슨 말을 했기에 고집 센 할머니가 자기 자리로 돌아간 것일까요? "할머니, 이 자리는 광주에 가는 자리고요, 뒤에 있는 자리가 부산에 가는 자리예요"라고 했더니 할머니가 놀라서 얼른 자기 자리로 돌아갔다고 합니다.

아무리 넓고 편한 자리가 좋아도 가는 방향이 틀리면 좁은 자리로 돌아가야 합니다. 앞에서 넓은 문은 크고 길도 넓지만 멸망으로 인도하는 문이라고 했습니다. 하지만 좁은 문은 아무리 길이 협착해도 생명으로 인도하는 문입니다. 그러므로 힘들어도 생명으로 인도하는 좁은 문을 반드시 통과해야 할 것입니다.

성경은 생명으로 인도하는 문이 무엇인지를 이렇게 소개하고 있습니다.

> **누구든지 나로 말미암아 들어가면 구원을 받고 또는 들어가며 나오며 꼴을 얻으리라** 요 10:9

여기로 들어가면 구원을 받는다고 말씀합니다. 뿐만 아니라 들어가고 나오면서 꼴을 얻는다고 말씀합니다. 그러면 이 문은 무엇일까요? 앞에 기록된 말씀을 보십시오.

> **그러므로 예수께서 다시 이르시되 내가 진실로 진실로 너희에게 말하노니 나는 양의 문이라** 요 10:7

생명의 문, 좁은 문은 율법의 형식이나 도덕, 상식, 종교적인 열심, 직분과 같은 것이 아니라 예수 그리스도입니다. 예수 그리스도만이 영원한 생명으로 들어가는 좁은 문입니다. 우리는 좁은 문이라고 하면 힘들고 어려운 것만을 생각합니다. 힘들고 어렵거나 남이 안 하는 선택을 하는 것 말입니다. 하지만 어렵고 힘든 가시밭길이라도 거기에 예수 그리스도가 없으면, 그것이 바로 넓은 문입니다. 그것도 힘들면서 넓은 문입니다.

결국 예수 그리스도는 하나님의 품으로 들어가는 유일한 문입니다. 하나님의 자녀가 되는 문, 천국으로 들어가는 문입니다. 예수님을 통해 들어가면 하나님의 자녀로서 모든 복을 누리게 됨

니다. 영생을 누릴 뿐 아니라 기쁨과 평안, 풍성함, 만족, 위로가
충만합니다. 무엇보다 가장 중요한 것은, 죄 짐을 내려놓을 수 있
습니다. 우리는 이것을 종종 찬양으로 고백합니다.

구원으로 인도하는 그 문은 참 좁으며
생명으로 인도하는 그 길은 참 험하니
우리 몸에 지워 있는 그 더러운 죄 짐을
하나 없이 벗어 놓고 힘써서 들어갑시다
구원으로 인도하는 그 좁은 문 들어가
영생으로 인도하는 그 생명 길 갑시다[*]

우리의 죄 짐을 해결해 주실 수 있는 분은 예수 그리스도밖에
없습니다. 오직 예수님만이 인류의 죄를 대신하여 속죄의 죽음을
맞으셨습니다. 인류가 속죄받을 수 있는 길은 여기저기에 있지
않습니다. 오직 한 길, 예수 그리스도의 십자가밖에 없습니다.

**다른 이로써는 구원을 받을 수 없나니 천하 사람 중에 구원을 받을 만한
다른 이름을 우리에게 주신 일이 없음이라** 행 4:12

그래서 크리스천이 끙끙대며 메고 다녔던 죄 짐에서 언제 풀
려납니까? 좁은 문을 통과한 후 십자가 언덕에서 풀려납니다.

----

[*]　존 R. 스웨니(John R. Sweney) 작사/작곡, 〈구원으로 인도하는〉(새찬송가 521장)

좁은 문으로 들어가는 방법

크리스천은 세속 현자의 꾐에 빠져 죽을 고생을 합니다. 그러다가 순례의 길을 떠날 때 도움을 받았던 전도자를 다시 만나게 됩니다. 전도자는 세속 현자의 꾐에 빠져 엉뚱한 길로 나아가 헤매고 다닌 크리스천을 호되게 책망합니다. 그런데 이때 크리스천의 태도가 매우 중요합니다. 그는 핑계를 대거나 이유를 달지 않고 즉시 회개합니다. 잘못을 인정하고 돌이킵니다.

회개하라

우리는 여기서 좁은 문으로 들어가는 첫 번째 방법을 확인할 수 있습니다. 그것은 바로 '회개'하는 것입니다. 회개야말로 좁은 문으로 들어가는 지름길이라 할 수 있습니다.

예수 그리스도를 믿는 것은 그냥 되는 것이 아닙니다. 정확한 회개가 있어야 합니다. 회개가 없다면 좁은 문 언저리에서 왔다 갔다만 하는 것일 수 있습니다. 좁은 문을 구경만 하는 것입니다.

겸손하라

그런데 솔직히 좁은 문을 통과할 만큼의 회개를 했는지, 하지 않았는지를 우리는 정확히 알 수 없습니다. 하지만 심증적으로 추측할 수 있는 것은 있습니다. 그것은 바로 '겸손'입니다. 우리가 주님 앞에서 얼마나 겸손한지를 보면 알 수 있습니다.

좁은 문을 통과하기 위해서는 군더더기가 없어야 합니다. 《천로역정》에 보면 크리스천이 좁은 문에 도착하여 문을 두드립니다. 그러자 안에 있던 '선의'(Goodwill)가 문을 열어 주며 어서 들어오라고 합니다. 그런데 문을 열어 주고는 확 잡아당깁니다. 이에 놀란 크리스천이 왜 그러는지를 묻습니다. 그러자 이 문에서 그리 멀지 않은 곳에 강한 성 하나가 있는데, 그 성의 주인은 '바알세불', 다시 말하면 마귀라고 하면서 그와 부하들이 그 성에서 이 문으로 들어오는 사람들을 향해 화살을 쏘기에 재빠르게 잡아당겼다고 말합니다.

좁은 문 앞에서 세상의 군더더기로 인해 고민하거나 머뭇거리고 있습니까? 존 번연 박물관에는 《천로역정》에 영감을 준 것으로 유명한 한 작은 문이 전시되어 있는데, 그에 대한 설명을 보면 'the wicket gate', 우리말로 하면 '쪽문'이라고 적혀 있는 것을 볼 수 있습니다. 한글 성경은 이를 '좁은 문'이라고 번역했는데,

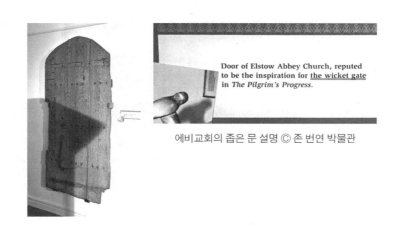

Door of Elstow Abbey Church, reputed to be the inspiration for <u>the wicket gate</u> in *The Pilgrim's Progress*.

에비교회의 좁은 문 설명 ⓒ 존 번연 박물관

사실은 '쪽문'이라는 것입니다. 이런 쪽문은 양옆에 거추장스러운 짐을 지고는 들어갈 수 없습니다. 겸손히 다 내려놓아야 들어갈 수 있습니다.

이런 쪽문의 실상을 잘 보여 주는 건축물이 있습니다. 예루살렘에 위치한 예수 탄생 교회(the Church of the Nativity)에 있는 '겸손의 문'입니다. 4세기경, 헬레나(Saint Helena)가 예수 탄생 교회를 후원하여 만들 때는 사각형의 큰 문이었는데, 이것이 6세기에 아치형의 문으로 축소되었다고 합니다. 그러고 나서 훗날 겸손의 문이 만들어졌는데, 이는 그 당시 이슬람 군대가 말을 타고 들어오는 것을 방지하기 위해서였다고 합니다.

예수 탄생 교회의 겸손의 문이 우리에게 전해 주는 메시지는 무엇입니까? '우리는 얼마나 주님 앞에 겸손한가? 사람들 앞에 겸손한가? 우리는 주님 앞에서 고개를 뻣뻣이 세우는 사람인가, 아니면 고개를 숙이는 사람인가?'일 것입니다.

이미 좁은 문으로 들어가기를 결정했다면 더 이상 고민하지 마십시오. 겸손히 다 내려놓고 좁은 문으로 들어설 수 있기를 바랍니다. 서두에 말했듯이 인생은 B로 시작해서 D로 끝납니다. 그러나 그 가운데 C가 있기에 우리는 선택해야 합니다.

크고 넓지만 멸망으로 인도하는 문이 아니라, 좁고 힘들더라도 생명으로 인도하는 문으로 들어갈 수 있기를 바랍니다. 그 문은 바로 예수 그리스도입니다. 예수 그리스도는 회개로 들어가는 문이요, 겸손으로 들어가는 문입니다.

좁은 문에 박힌 화살 ⓒ 필그림하우스

1. 좁은 문을 두드렸을 때 크리스천을 맞이한 사람은 누구인가?

2. 선의가 안내해 준 길은 무엇인가?

   ① 아스팔트   ② 레드 카펫   ③ 비포장도로   ④ 좁은 길

3. 해석자의 집에 있는 방 중, 복음의 은혜로 정화되지 않는 사람의 마음에서 처음 방을 쓸기 시작한 자는 율법이다. 물을 가져와 뿌린 소녀는 누구인가?

4. 우리 마음에서 시작된 하나님의 역사 위에 은혜의 기름을 부으시는 분은 누구인가?

5. 꿈에서 마지막 날을 본 자가 깨어난 후 떨고 있었던 이유는 무엇인가?

   ① 날씨가 갑자기 추워져서

   ② 병으로 인한 건강 악화로 인해

   ③ 심판의 날에 대해 전혀 준비가 되지 않아서

   ④ 갑자기 찾아온 고독감으로 인해

1. 선의 2. ④ 3. 복음 4. 그리스도 5. ③

질문과 나눔

1. 순례의 여정 중에 만나게 되는 두 가지 문은 무엇입니까? 우리는 왜 좁은 문으로 들어가야 합니까?

2. 넓은 문의 의미는 무엇이며, 그 문으로 미혹하는 자는 누구입니까(마 7:13, 15)? 율법의 행위로는 죄 짐을 벗을 수 없다고 선언하는 말씀의 가르침을 살펴봅시다(롬 3:20; 갈 3:10; 렘 17:9).

3. 좁은 문은 어떤 문입니까(마 7:14)? 그 문은 누구이며 당신을 어디로 인도합니까(요 10:7, 9; 갈 3:24)? 좁은 문을 통과한 자가 누리는 복에 대해 나누어 봅시다.

4. 좁은 문으로 들어가는 두 가지 방법에 대해 살펴봅시다. 그러면서 분명한 회개를 통해 좁은 문을 통과했는지 점검하고, 겸손을 확장해야 할 삶의 영역은 무엇인지 나누어 봅시다.

5. 우리는 순례자입니다. 순례의 여정 중 두 가지 문 앞에서 좁고 힘들지만 생명으로 인도하는 문을 선택할 수 있어야 합니다. 그 문은 예수 그리스도입니다. 회개와 겸손을 통해 좁은 문으로 들어갈 수 있기를 바랍니다.

¹이러므로 우리에게 구름같이 둘러싼 허다한 증인들이 있으니 모든 무거운 것과 얽매이기 쉬운 죄를 벗어 버리고 인내로써 우리 앞에 당한 경주를 하며 ²믿음의 주요 또 온전하게 하시는 이인 예수를 바라보자 그는 그 앞에 있는 기쁨을 위하여 십자가를 참으사 부끄러움을 개의치 아니하시더니 하나님 보좌 우편에 앉으셨느니라 히 12:1-2

죄 짐을 벗어 버리는
십자가 언덕

'웨스트민스터 신앙 고백'(The Westminster Confession of Faith)은 과거 영국에 의회파와 왕당파가 나누어져 내전이 일어났을 때 모든 교회가 공통으로 따를 수 있는 교리 기준이 필요했기에 만들어진 고백서입니다. 무엇보다 당시는 1517년에 일어난 종교 개혁 이후로 어디로 가야 할지를 몰라 헷갈려 하던 시기였습니다. 이에 학식 있고 분별력 있는 신학자와 목회자들이 웨스트민스터에 모여 신앙 고백서를 작성하기 시작했는데, 무려 5년이라는 시간이 걸렸습니다. 이후 '웨스트민스터 신앙 고백'을 1648년에 영국 의회에서 공인했습니다. 청교도 정신과 칼빈주의 신앙을 담고 있는 가장 중요한 신앙 고백서라고 할 수 있습니다.

《천로역정》의 배경이 되는 영국은 종교 개혁 이후 개신교를 따라가지도 않고 가톨릭에 머물지도 않으면서 아주 독특하게 영국 고유의 개신교라 할 수 있는 영국 국교회(성공회)를 만들어 냈습니다. 문제는 영국 국교회를 만들면서 국교도에 속하지 않고 오히려 더 순수한 기독교 신앙을 고수하는 이들을 모두 불법으로 치부해 버렸다는 사실입니다.

1660년, 당시 국왕이었던 찰스 2세(Charles Ⅱ)는 비국교도들의 신앙의 자유를 철저하게 제한했습니다. 엄격하게 성경으로 돌아가는 신앙을 고수했던 청교도들도 비국교도로 분류되면서 박해를 받게 됩니다. 참고로, 이 청교도들로부터 오늘날의 장로교도와 침례교도 및 감리교도가 나오게 된 것입니다.

하지만 그 당시 이미 설교 사역을 감당하고 있었던 존 번연은 하나님의 말씀을 전하는 일을 포기할 수 없었고, 그 일로 결국 베드퍼드 감옥에 갇히고 맙니다. 그러면서 무려 12년 동안 옥고를 치르게 됩니다. 그러나 풀려난 것도 잠시, 1675년에 다시 투옥됩니다. 그 안에서 존 번연은 《천로역정》을 집필하여 1678년에 출간하게 됩니다.

그 당시 기독교 신앙인 듯 아닌 듯 신앙이 혼재되어 있고 혼탁한 시대에 순수 기독교 신앙을 가르치기 위해 기록한 것이 《천로역정》입니다. 이런 목적으로 기록했기에 쉽게 읽을 수 있는 이야기 형식으로 서술되었음에도 불구하고 곳곳에 성경 관주가 달려 있습니다. 참으로 수준 높은 책이라 할 수 있습니다.

존 번연은 《천로역정》 3장에서 참으로 다양한 신앙을 소개합니다. 그러면서 참된 기독교 신앙이 무엇인지를 드러내 보입니다. 그가 말하는 참된 기독교 신앙은 무엇일까요?

십자가 신앙

크리스천이 양쪽으로 담이 둘려져 있는 길을 오르고 있었습니다. 그 담의 이름은 '구원'(Salvation)입니다. 가파른 언덕길을 올라가 보니 그곳에 십자가가 세워져 있었습니다. 그런데 십자가 앞에 도착하자마자 기적과도 같은 일이 벌어졌습니다. 그동안 크리스천의 양쪽 어깨를 짓누르던 짐이 떨어져 나간 것입니다. 어깨에서 벗겨진 짐은 데굴데굴 굴러떨어져 십자가 언덕 아래 무덤 안으로 들어가 더 이상 보이지 않게 되었습니다.

이 상황을 히브리서는 이렇게 묘사합니다.

이러므로 우리에게 구름같이 둘러싼 허다한 증인들이 있으니 모든 무거운 것과 얽매이기 쉬운 죄를 벗어 버리고 히 12:1

이것은 벗어 버리려고 애를 쓰거나 이를 악물고 노력해서 되는 것이 아닙니다. 십자가 앞에서 벗어지는 것입니다. 마찬가지로 기독교 신앙은 우리가 무엇인가를 애쓰고 노력해서 되는 것이 아닙니다. 십자가 앞에 서면 그렇게 되어 버리는 것입니다. 이것

십자가 언덕에 도착한 크리스천 ⓒ 필그림하우스

이 바로 십자가 신앙입니다.

놀라고 당황한 그에게 세 천사가 나타나 십자가 신앙이 구체적으로 무엇인지를 알려 줍니다.

죄 사함을 받는 신앙

십자가 언덕에 도착한 순례자의 모습을 존 번연은 이렇게 묘사합니다.

크리스천이 십자가 앞에 도착하자마자 놀랍게도 어깨의 끈이 느슨해지더니 등에서 짐이 떨어져 나갔다. 크리스천의 어깨에서 벗겨진 짐은 계속해서 굴러떨어지더니 무덤 안으로 들어가 더 이상 보이지 않게 되었다.

몸도 마음도 가벼워진 크리스천은 기쁨에 겨워 흥얼거렸다. "주님이 고난을 받으사 내게 쉼을 주시고, 죽으심으로 내게 생명을 주셨구나." 그는 한동안 가만히 서서 감격한 표정으로 십자가를 바라보았다. 십자가를 바라보기만 했는데도 무거운 짐이 완전히 벗겨져 나갔다는 사실이 놀랍기만 했다. 십자가를 하염없이 바라보던 그의 두 눈에서 눈물이 흘러 뺨을 적셨다. 슥 12:10[*]

바라보기만 했는데도 무거운 짐이 떨어져 나가는 것, 이것이 십자가입니다. 마치 그 옛날 출애굽한 이스라엘 백성이 광야에서 불뱀에 물려 죽게 되었을 때, 하나님이 모세에게 놋뱀을 만들어 장대 위에 높이 들라고 하시고 말씀대로 쳐다본 자는 살게 되었던 것과 같습니다.

모세가 놋뱀을 만들어 장대 위에 다니 뱀에게 물린 자가 놋뱀을 쳐다본 즉 모두 살더라 민 21:9

이 말씀 안에는 굉장히 중요한 내용이 예표되어 있습니다. 이것이 바로 구약에서 예표된 십자가입니다.

십자가 언덕의 한 천사가 다가와서 이렇게 말합니다.

---

[*] 존 번연, 《천로역정》, p. 77.

"당신의 죄가 사해졌습니다."

이것은 매우 놀라운 선포입니다. 주님이 십자가로 마련해 놓으신 죄 사함의 선포인 것입니다. 이것을 믿는 것이 십자가 신앙입니다.

입혀 주시는 새 옷을 믿는 신앙

십자가 언덕에서 죄 짐이 떨어져 나간 후 두 번째 천사가 크리스천의 누더기 옷을 벗기고 새 옷을 갈아입혀 줍니다. 여기에서 연상되는 장면이 무엇입니까? 바로 돌아온 탕자의 이야기 속에 등장하는 장면입니다. 자기 마음대로 살고 싶어 유산을 미리 당겨 받고 집을 나갔던 둘째 아들이 허랑방탕하게 살다가 거지꼴로 돌아왔습니다. 마을 어귀에서 아들이 돌아오기만을 오매불망 기다리던 아버지는 아직 까마득하게 먼데도 아들인 것을 단박에 알아보고 달려가 목을 안고 입을 맞춥니다. 그리고 아들을 위해 이렇게 말합니다.

아버지는 종들에게 이르되 제일 좋은 옷을 내어다가 입히고 손에 가락지를 끼우고 발에 신을 신기라 눅 15:22

아버지는 아들에게 새 옷을 입히고 손에 가락지를 끼워 줍니다. 여기서 새 옷은 무엇을 의미하는 것일까요? 더러운 옷을 벗게 하고 깨끗한 옷을 입혔다는 의미도 있지만, 새 옷의 의미를 바울은 이렇게 이야기합니다.

> **너희는 유혹의 욕심을 따라 썩어져 가는 구습을 따르는 옛사람을 벗어
> 버리고 오직 너희의 심령이 새롭게 되어 하나님을 따라 의와 진리의 거
> 룩함으로 지으심을 받은 새사람을 입으라** 엡 4:22-24

옷은 신분을 상징합니다. 새 옷을 입었다는 것은 새사람이 되
었다는 것입니다. 주님이 입혀 주신 새 옷을 믿는 신앙, 곧 우리가
새사람으로 신분이 변화되었다는 것을 믿는 것이 십자가 신앙입
니다. 그런데 주님이 입혀 주시는 새 옷도 그냥 입을 수 있는 것
이 아닙니다. 요한계시록 7장을 보십시오.

> **장로 중 하나가 응답하여 나에게 이르되 이 흰옷 입은 자들이 누구며 또
> 어디서 왔느냐** 계 7:13

새 옷은 아무나 입을 수 있는 것이 아닙니다. 이것은 십자가
신앙의 첫 번째와 연결되어 있습니다. 바로 죄 사함입니다. 이어
지는 말씀을 보십시오.

> **그가 나에게 이르되 이는 큰 환난에서 나오는 자들인데 어린양의 피에
> 그 옷을 씻어 희게 하였느니라** 계 7:14

무엇으로 씻어서 희게 했다고 말씀합니까? 바로 어린양의 피입니다. 어린양 되신 예수 그리스도의 피로 씻은 새 옷인 것입니다. 기억하십시오. 십자가 신앙은 어린양의 피로 희게 된 새 옷이 우리에게 입혀졌음을 믿는 것입니다.

인치심을 믿는 신앙

세 번째 천사는 무거운 죄 짐이 벗어지고 새 옷이 입혀진 크리스천의 이마에 인을 칩니다. 《천로역정》은 이 인침에 대해 에베소서 1장을 관주로 답니다.

그 안에서 너희도 진리의 말씀 곧 너희의 구원의 복음을 듣고 그 안에서 또한 믿어 약속의 성령으로 인치심을 받았으니 엡 1:13

이것은 '너는 내 것이라'라는 확실한 보증이요, 표식입니다.

크리스천이 십자가 언덕에서 만난 세 천사는 무엇과 연결되어 있습니까? 세 천사가 한 일은 누구의 사역과 연결되어 있습니까? 바로 삼위일체 하나님입니다. 첫 번째 천사는 성부 하나님만이 하실 수 있는 죄 사함을 선포했습니다. 그리고 두 번째 천사는 어린양의 피로 깨끗해진 새 옷을 입혀 주었습니다. 이것은 성자 예수님의 사역입니다. 마지막으로 세 번째 천사는 인을 쳐 주었습니다. 이것은 바로 성령 하나님의 사역입니다. 이처럼 십자가 언덕에서 이루어지는 구원은 성부, 성자, 성령 하나님이 기필코 이루어 내시는 사역임을 기억하기 바랍니다.

그런데 크리스천의 여정은 이것으로 끝나지 않습니다. 순례의 길은 십자가 언덕에서 멈추는 것이 아니라 저 천성까지 계속되어야 합니다. 그렇기에 세 천사는 크리스천에게 '봉인된 두루마리 하나'를 건넵니다. 순례의 길을 가는 동안 두루마리를 읽으며 그 길을 안내 받으라는 것입니다. 마찬가지로 하나님이 우리에게도 순례의 길을 걸어가도록 주신 것이 있습니다.

> **모든 성경은 하나님의 감동으로 된 것으로 교훈과 책망과 바르게 함과 의로 교육하기에 유익하니** 딤후 3:16

> **주의 말씀은 내 발에 등이요 내 길에 빛이니이다** 시 119:105

우리의 순례의 길은 십자가 언덕에서 멈추는 것이 아닙니다. 삼위일체 하나님의 사역으로 우리는 구원을 받았지만, 날마다 말씀으로 바르게 되어야 합니다. 또한 말씀을 통해 의로워져야 합니다. 말씀이 우리 삶에 빛이 됨을 기억하기 바랍니다.

잠든 신앙

십자가 언덕을 지나 길을 가던 크리스천이 어느 산기슭에서 '단순'(Simple), '나태'(Sloth), '거만'(Presumption)이라는 이름을 가진 잠 들어 있는 세 남자를 만납니다. 이에 크리스천은 이렇게 잠들어 있을 때가 아니라며 그들을 깨웁니다. 그러자 그들은 각각 이렇 게 말합니다.

> 단순 / 위험하긴 뭐가 위험하다는 거요?
> 나태 / 허튼소리. 나는 잠이나 더 자야겠소.
> 거만 / 내가 알아서 할 테니 신경 쓰지 마시오.[*]

그러고 나서 이들은 다시 누워서 잠이 들었습니다. 이런 이들 을 향한 성경의 책망은 무엇입니까?

> **게으른 자여 네가 어느 때까지 누워 있겠느냐 네가 어느 때에 잠이 깨어**
> **일어나겠느냐 좀 더 자자, 좀 더 졸자, 손을 모으고 좀 더 누워 있자 하면**
> 잠 6:9-10

그런데 잠든 것보다 더 치명적인 것이 있습니다. 그게 무엇입 니까? 이들의 발에 족쇄가 채워져 있다는 것입니다. 더 기가 막힌 것은, 이들도 크리스천과 마찬가지로 바로 직전에 '십자가 언덕' 을 거쳐 왔다는 것입니다. 한마디로 말해 이들의 순례의 길은 십 자가 언덕에서 멈춰 버린 것입니다.

----

[*] 존 번연,《천로역정》, p. 80.

족쇄가 채워진 단순, 나태, 거만 ⓒ 필그림하우스

잠에 빠진 나태 ⓒ 필그림하우스

당신은 어떻습니까? 혹시 당신의 신앙도 십자가 언덕에서 멈춰 버린 것은 아닙니까? 잠시 멈출 수는 있습니다. 그러나 계속 머물러 있으면 족쇄가 채워진다는 것을 명심하기를 바랍니다. 우리는 십자가 언덕을 통과했다 하더라도 주님을 향한 순례의 길을 멈추어서는 안 됩니다. 본문을 다시 보십시오.

믿음의 주요 또 온전하게 하시는 이인 예수를 바라보자 히 12:2

여기서 '바라보다'라는 것은 한 번 보고 끝나는 것이 아닙니다. 끊임없이 깨어 주님만을 바라볼 수 있기를 바랍니다.

강도 신앙

크리스천은 이어서 '허례'(Formalist)와 '위선'(Hypocrisy)을 만납니다. 이들은 자기를 소개하기를 "우리는 허영(Vain-glory)이란 땅에서 태어났는데, 시온산에 가면 영예를 얻고 칭송받을 수 있다기에 가는 길이오"라고 합니다.

보십시오. 이들은 태어나기도 허영이라는 땅에서 태어났지만, 이 순례의 길을 걷는 이유가 영예를 얻고 칭송을 받기 위해서라고 합니다. 이들의 신앙의 이유와 목적이 들통나 버렸습니다.

"No Cross, No Crown"이라는 말이 있습니다. '십자가 없이는

담을 넘고 있는 허례와 위선 ⓒ 필그림하우스

면류관도 없다'는 의미입니다. 이들은 이 숭고한 가치와는 다르게 고난은 원치 않고 영광만을 얻고 싶다는 도둑놈 심보를 가지고 있습니다. 그런데 이런 이야기를 하면 요즘에는 "목사님! 그게 그렇게 나쁜 것입니까? 솔직히 그럴 수도 있는 것 아닙니까?"라고 반문하는 사람들이 있습니다. 그런데 그보다 더 중요한 것이 있습니다. 이 허례와 위선의 가장 큰 잘못은 이들이 담을 넘고 있다는 사실입니다.

크리스천은 전도자의 인도를 받아 좁은 문을 통과한 후에 구원의 담을 따라서 십자가 언덕에 도달했습니다. 그런데 이들은 좁은 문도, 십자가 언덕도 통과하지 않고 담을 넘어서 이 길로 들어선 것입니다. 성경은 이런 사람에 대해 뭐라고 말씀합니까?

내가 진실로 진실로 너희에게 이르노니 문을 통하여 양의 우리에 들어가지 아니하고 다른 데로 넘어가는 자는 절도며 강도요 요 10:1

그러면서 이어지는 말씀을 통해 '문'이 무엇인지를 정확하게 설명합니다.

내가 문이니 누구든지 나로 말미암아 들어가면 구원을 받고 요 10:9

주님은 당신을 문이라고 말씀하십니다. 여기서 '말미암다'는 영어로 'through'라 하는데, 이는 곧 구원의 문인 예수님을 통해 들어가야 구원을 받는다는 것입니다(요 14:6 참조).

이에 대해 허례와 위선은, 자기네 동네는 좁은 문의 입구와 꽤 멀리 떨어져 있기에 이렇게 늘 담을 넘어 들어왔다고 변명합니다. 더욱이 수천 년 동안 계속 이런 방식대로 해 왔고 아무 문제도 없었다고 말합니다. 그러면서 결정적으로, 자신들은 이미 이 길에 들어와 있는데 어떤 방법으로 들어왔는지가 뭐가 중요하냐고 반문합니다. 우리식으로 말하면 이런 것입니다.

"나는 모태 신앙이고 이미 직분도 받았는데, 내가 죄인이라고 고백하거나 인정하지 않는 것이 뭐가 그리 중요합니까?"

그러나 성경은 단호합니다. "문을 통하여 양의 우리에 들어가지 아니하고 다른 데로 넘어가는 자는 절도며 강도"라고 말씀합니다. 한마디로 강도 신앙이라 할 수 있습니다. 아니, 이것은 신앙이라 할 수도 없습니다.

서두에 소개한 '웨스트민스터 신앙 고백'의 핵심은 '우리의 유일한 구원자는 예수 그리스도'라는 것입니다. 우리의 구원자 되시는 예수 그리스도를 다시 한번 마음에 새기는 시간이 되기를 바랍니다.

모든 무거운 것과 얽매이기 쉬운 죄를 벗어 버리고 인내로써 우리 앞에 당한 경주를 하며 믿음의 주요 또 온전하게 하시는 이인 예수를 바라보자 히 12:1-2

1. 크리스천이 가려는 오르막길에 양쪽으로 둘려져 있는 담의 이름은 무엇인가?

2. 십자가 언덕에서 만난 세 번째 천사가 건네준 것은 무엇인가?

① 봉인된 두루마리　　　② 봉인된 두루마기

③ 봉인된 두루마리 휴지　　④ 봉인된 두루미

3. [OX 퀴즈] 십자가 신앙은 참 기독교 신앙이다.

4. 허례와 위선과의 대화 중, 크리스천이 그들에게 한 말이 아닌 것은 무엇인가?

① "당신들은 자기 마음대로 가고 있습니다."

② "당신들은 이미 강도들입니다."

③ "당신들은 주님의 자비를 기대하지 마십시오."

④ "당신들은 천성에 반드시 들어갈 것입니다."

5. 빈칸에 들어갈 알맞은 말은 무엇인가?

(　　　　) 신앙: 단순, 나태, 거만

(　　　　) 신앙: 허례, 위선

1. 구원 2. ① 3. O 4. ④ 5. 잠든, 강도

1. 크리스천이 구원의 담을 지나 가파른 언덕을 올라 도착한 곳에 대해 묘사해 보십시오(히 12:1). 참된 기독교 신앙은 무엇입니까?

2. 십자가 신앙에 대해 구체적으로 살펴보고, 세 천사가 한 일을 삼위일체 하나님의 사역과 연결해 보십시오. 순례의 길을 계속 걸어가도록 무엇을 주셨습니까(시 119:105)?

   1) 죄 사함을 받는 신앙(민 21:9)
   2) 입혀 주시는 새 옷을 믿는 신앙(눅 15:22; 엡 4:22-24)
   3) 인치심을 믿는 신앙(엡 1:13)

3. 첫 번째로 경계해야 할 신앙은 무엇입니까? 당신에게는 단순, 나태, 거만의 모습이 언제, 어떻게 나타나는지 생각해 보고 잠든 신앙을 경계하기 위한 실천 사항에 대해 나누어 봅시다.

4. 두 번째로 경계해야 할 신앙은 무엇입니까(요 10:1)? 구원은 누구를 통해서 이루어지는지 살펴보고 당신의 구원에 대해 점검해 보십시오(요 10:9).

5. 좁은 문 되신 예수 그리스도를 통과하면 십자가 언덕을 오르게 됩니다. 그 곳에서 죄 사함의 선포와 입혀 주시는 새 옷과 성령의 인치심을 받습니다. 잠든 신앙, 강도 신앙이 아닌 십자가 신앙으로 무장해 순례의 길을 가게 해 달라고 기도합시다.

¹⁰ 끝으로 너희가 주 안에서와 그 힘의 능력으로 강건하여지고

¹¹ 마귀의 간계를 능히 대적하기 위하여 하나님의 전신 갑주를 입

으라 ¹² 우리의 씨름은 혈과 육을 상대하는 것이 아니요 통치자들

과 권세들과 이 어둠의 세상 주관자들과 하늘에 있는 악의 영들을

상대함이라 ¹³ 그러므로 하나님의 전신 갑주를 취하라 이는 악한

날에 너희가 능히 대적하고 모든 일을 행한 후에 서기 위함이라

엡 6:10-13

5

지구전! 맹렬하나
승산 있는 싸움

2023년 11월에 개봉한 〈서울의 봄〉이라는 영화가 있습니다. 1,300만 명 이상이 관람하면서 큰 성공을 거두었습니다. 이 영화에는 두 명의 주인공이 나오는데, 한 명은 황정민 배우가 연기한 전두광이라는 인물이고, 다른 한 명은 정우성 배우가 연기한 이태신 장군입니다. 각각 악한 역할과 정의로운 역할을 맡아 열연을 펼쳤습니다.

이처럼 드라마나 영화에는 정의로운 주인공과 함께 악역을 담당하는 악한 주인공이 등장합니다. 물론 실제 역사도 그렇습니다. 그리고 《천로역정》도 마찬가지입니다. 《천로역정》 4장에는 별로 반갑지 않은 주인공이 등장합니다. 성경은 이 반갑지 않은 주인공을 이렇게 설명합니다.

그들에게 왕이 있으니 무저갱의 사자라 히브리어로는 그 이름이 아바돈이요 헬라어로는 그 이름이 아볼루온이더라 계 9:11

'아바돈'(Abaddon)이나 '아볼루온'(Apollyon)보다 익숙한 이름이 등장하는 성경의 다른 구절을 보십시오.

큰 용이 내쫓기니 옛 뱀 곧 마귀라고도 하고 사탄이라고도 하며 온 천하를 꾀는 자라 그가 땅으로 내쫓기니 그의 사자들도 그와 함께 내쫓기니라 계 12:9

또 다른 명칭으로는 '바알세불'(마 12:24), '벨리알'(고후 6:15), '계명성'(사 14:12) 그리고 본문인 에베소서의 표현으로는 '공중의 권세 잡은 자'(엡 2:2)라는 이름으로 정말로 다양하게 소개됩니다.

왜 이렇게 이름이 다양할까요? 우리의 인생을 유혹하며 다가오는 모습이 워낙 다양하기 때문입니다. 다양한 모습으로 우리를 끊임없이 유혹합니다. 그래서 바울은 본문에서 "우리의 씨름은 혈과 육을 상대하는 것이 아니요 통치자들과 권세들과 이 어둠의 세상 주관자들과 하늘에 있는 악의 영들을 상대함이라"(엡 6:12)라고 했습니다. 여기서 씨름은 '영적 전쟁'을 말합니다.

그렇다면 이 '영적 전쟁'은 언제 끝나는 것일까요? 유진 피터슨(Eugene H. Peterson)은 성경을 일상의 언어로 풀어 놓은 《메시지》(복있는사람 역간)에서 본문의 내용을 "이 싸움은 지구전, 곧 마귀와 그 수하들을 상대로 끝까지 싸우는, 사느냐 죽느냐의 싸움입니다"라고 옮겼습니다. 쉽게 끝날 수 없는 전쟁이라는 것입니다. 《천로역정》에서도 그러한 내용을 확인할 수 있습니다.

세상으로 돌아가게 하는 유혹

사실 사탄은 순례의 길 처음부터 크리스천을 유혹했습니다. 어떤 유혹입니까? 그가 그저 구도자에 머물러 있지 않고 순례의 길을 떠나기로 결단했을 때 그를 따라나섰던 사람이 있는데, 그의 이름은 '고집'입니다. 고집은 이름대로 고집스럽게도 세상으로 다시 돌아가자고 크리스천을 유혹합니다. '고향에 있는 친구들과 편안한 삶을 버리고 어딜 가느냐'며 뜻을 정하여 순례의 길을 떠나려는 크리스천을 말립니다. 시작하지 못하도록 말입니다.

우리 주변에도 이런 사람들이 있습니다. 마음먹고 신앙생활을 하려고 하면, "멀쩡히 잘 살다가 웬 교회? 일요일마다 매이고 봉사에 헌금까지 해야 하는데 그 짓을 왜 해? 너 살기도 바쁜데 정신 차려"라고 말합니다. 그러다 안 되면 강도를 높입니다. 크리스천도 그런 말을 들었습니다.

"도대체 뭘 찾으려고 가족까지 다 버리고 가는 건데?"

가족은 크리스천에게 있어 아킬레스건(Achilles tendon)과 같았습니다. 물론 처음에는 가족을 설득했습니다. 소위 전도를 한 것입니다. 그럼에도 전혀 아랑곳하지 않아 어쩔 수 없이 가족을 남겨 두고 순례의 길을 떠날 수밖에 없었습니다. 안 그래도 못내 가족을 외면한 것 같아 마음이 아팠는데, 사탄이 그 아픈 부분을 후벼 파고 들어온 것입니다.

이 대목에서 살짝 의구심이 드는 것이 있습니다. '가족까지 버려두고 순례의 길을 떠나는 것이 맞는 것인가? 꼭 그렇게까지 해야 하는가?' 우리식으로 말하면, '가족들이 다 반대하고 싫어하는데 주일에 꼭 예배당에 나가야 하는가?' 하는 의구심입니다. 《천로역정》을 읽다 보면 크리스천은 어떤 의미에서 가족을 버린 무책임한 가장처럼 보이기도 합니다. 하지만 크리스천은 결국 가족 구원의 역사까지 이루어 냅니다. "주 예수를 믿으라 그리하면 너와 네 집이 구원을 받으리라"(행 16:31)라는 약속의 말씀이 성취된 것입니다.

혹시라도 홀로, 쓸쓸히 이 순례의 길을 걷고 있거나 반복적으로 불신 가족에 대한 책임감을 느끼고 있다면, 그것이 당신으로 하여금 순례의 길을 포기하고 세상으로 돌아가도록 하는 유혹이 되지 않기를 바랍니다. 혼자라도 이 믿음의 길을 반드시 완주할 수 있기를 바랍니다.

크리스천도 내면에 이런 갈등과 유혹이 있었습니다. 그때마다 그를 지켜 주었던 말씀이 있습니다.

예수께서 이르시되 손에 쟁기를 잡고 뒤를 돌아보는 자는 하나님의 나

크리스천처럼 뒤를 돌아보지 않고 순례의 길을 걸어갈 수 있기를 바랍니다.

또 한 사람, 처음 순례의 길을 떠날 때 '고집'과 함께 등장했던 사람이 있습니다. 누구입니까? '변덕'입니다. 이 사람은 '고집'과는 달리 순례의 길에 금세 동행이 되어 주었습니다. 참으로 고마운 일이 아닐 수 없습니다. 물론 순례의 길을 따라나선 동기는 불순했습니다. 그저 부귀와 영화를 얻기 위함이었습니다. 그러나 원치 않게 발을 헛디뎌 절망의 늪에 빠졌을 때, 그는 자기가 헛디뎌 놓고는 금방 돌아서서 원망합니다. 가차 없이 비난하고 조롱합니다. 그러고는 '그 잘난 나라는 당신 혼자서나 가라'고 하고는 돌아서 떠나 버립니다.

이럴 때 정말 초라해집니다. 우리도 예수 믿고 행복해지자고 전도합니다. 그러나 전도한 사람의 삶에 작은 어려움이라도 닥쳐오면 "이게 당신들이 이야기하는 행복이냐, 예수 믿으면 행복하다며 이게 뭐냐" 하며 비난해 옵니다. 그러면서 우리를 향해 등을 돌릴 때, 정말 힘이 빠집니다.

그때 절망의 늪에서 낙심 중에 있던 크리스천에게 다가와 손을 내민 사람이 있습니다. 그는 크리스천을 절망의 늪에서 건져올렸습니다. 이로써 시편의 약속인 "나를 기가 막힐 웅덩이와 수렁에서 끌어올리시고 내 발을 반석 위에 두사 내 걸음을 견고하

절망의 늪에 빠진 크리스천과 도움[*]

게 하셨도다"(시 40:2)라는 말씀이 성취되었습니다. 이 사람의 이름이 무엇입니까? 바로 '도움'(Help)입니다. 여기서 '도움'은 누구를 가리키는 것일까요? 주님이 이 땅에 계실 때 마지막으로 하신 말씀을 보십시오.

> 내가 아버지께 구하겠으니 그가 또 다른 보혜사를 너희에게 주사 영원토록 너희와 함께 있게 하리니 요 14:16

---

[*] 존 번연, 《천로역정》, p. 35.

'보혜사'는 성령님의 별칭입니다. 성령님은 원어로 '파라클레토스'라 하는데, 여기서 '파라'는 '곁에, 옆에'라는 뜻이고, '클레토스'는 '부르다'라는 뜻입니다. 다시 말하면, '불러서 곁에서 도와주시는 분'이라는 의미입니다.

절망의 늪에서 포기하고 싶은 마음이 듭니까? 주저앉고 싶습니까? 이 절망의 늪을 빠져나가기만 하면 순례고 뭐고 다 때려치우고 세상으로 돌아가고 싶다는 생각이 듭니까? 우리를 보호하고 돕기 위해 기다리고 계시는 분이 있다는 것을 기억하십시오. 우리의 영원한 도움이 되시는 보혜사 성령님이 계신 것을 믿기 바랍니다. 주님은 보혜사 성령님을 보내 주겠다고 약속하면서 다음과 같은 말씀을 덧붙이셨습니다.

내가 너희를 고아와 같이 버려두지 아니하고 너희에게로 오리라 요 14:18

우리 옆에서 손 내밀어 도와주시는 성령님이 계십니다. 우리를 고아와 같이 버려두지 않으시는 하나님이 계십니다. 그러니 계속해서 순례의 길을 걸어 나가십시오.

신앙의 길을 떠나게 하는 유혹

이렇게 시작된 영적 전쟁이 얼마나 지구전인지, 유혹은 계속됩니다. 크리스천이 순례의 길을 한창 걸어갈 때 누구를 만났습니까? '세속 현자'라는 사람을 만났습니다. 그는 죄의 짐을 벗는 가장 쉬운 길을 알려 주겠다며 '도덕'이라는 마을에 가서 '율법주의'라는 선생의 도움을 받으라고 권합니다. 쉽게 말해, 인간적인 도리를 다하고 양심적으로 살기만 하면 된다는 것입니다. 신앙의 길을 걷는 것처럼 보이지만 결국은 신앙의 길에서 떠나게 하는 유혹입니다.

이런 유혹은 처음부터 노골적으로 신앙을 등지도록 하지는 않습니다. 다만 서서히 감격이 식게 만듭니다. 전에는 감격스럽던 일들이 점차 식상해지면서 헌신은 사라지고 형식만 남도록 말입니다. 이처럼 묘하게 신앙의 길을 탈선하게 하는 유혹들이 있습니다. 본문은 이를 '마귀의 간계'라고 표현합니다.

마귀의 간계를 능히 대적하기 위하여 하나님의 전신 갑주를 입으라 엡 6:11

'간계'는 헬라어로 '메소데이아'라 하는데, 여기서 '방법'을 뜻하는 영어 단어인 'method'가 나왔습니다. 다시 말하면, 마귀는 수단과 방법을 가리지 않고 온갖 것을 이용해 바른 신앙의 길에서 이탈하도록 유혹한다는 것입니다.

최근 인기리에 방영된 드라마들을 보면 대개가 '환생'이라는 소재를 다루고 있습니다. 이 땅에서의 삶이 얼마나 힘들고 고단했으면 다시 태어나는 드라마가 판을 치는지, 어느 정도는 이해가 됩니다. 하지만 이런 것들이 반복되다 보면 기독교 세계관을 깨뜨립니다. 성경은 "한 번 죽는 것은 사람에게 정해진 것이요 그 후에는 심판이 있으리니"(히 9:27)라고 말씀합니다. 죽음 이후에는 환생이 아니라 심판이 기다리고 있다는 것을 기억해야 합니다.

우리는 이렇게 다양한 방법으로 미혹하는 마귀와 전쟁 중입니다. 정신을 바짝 차리고 깨어 있어야 할 때입니다.

마귀의 직접적인 공격

앞서 소개한 것들은 어쩌면 간접적인 공격입니다. 그러나 마귀가 직접적으로 공격해 올 때가 있습니다. 크리스천이 '겸손의 골짜기'(Valley of Humility)에 들어섰을 때 아볼루온의 공격을 받습니다. 아볼루온은 사탄, 마귀 혹은 옛 뱀이라고도 불린다고 했습니다. 이 싸움의 치열함을 존 번연은 이렇게 묘사해서 기록합니다.

지옥 같은 포효와 소름 끼치는 목소리를 상상조차 할 수 없을 것이다. 그리고 크리스천의 폐부에서 터져 나온 탄식과 신음 소리도 얼마나 처절했는지 모른다.[*]

크리스천은 다행히 갖고 있던 방패로 불화살을 막아 내며 위

---

[*] 존 번연, 《천로역정》, pp. 114-115.

기를 모면합니다. 그래서 본문은 '이 어둠의 세상 주관자들과 하늘에 있는 악의 영들을 상대'하기 위해 하나님의 전신 갑주를 취하라고 하고는 이렇게 말씀합니다.

> **모든 것 위에 믿음의 방패를 가지고 이로써 능히 악한 자의 모든 불화살을 소멸하고** 엡 6:16

이처럼 믿음의 방패가 중요합니다. 그러나 워낙 공격이 거세서 크리스천도 상처를 입습니다. 기진맥진합니다. 하지만 그 순간, 하나님의 도우심으로 재빨리 검을 잡은 크리스천은 미가서 7장 8절을 인용한 말씀을 외친 후 그 검을 아볼루온의 몸속 깊숙이 찔러 넣습니다.

> **나의 대적이여 나로 말미암아 기뻐하지 말지어다 나는 엎드러질지라도 일어날 것이요 어두운 데에 앉을지라도 여호와께서 나의 빛이 되실 것임이로다** 미 7:8

여기서 검은 무엇입니까? 본문은 '하나님의 말씀, 곧 성령의 검'이라고 말씀합니다. 이후 말씀의 검에 치명상을 입은 아볼루온은 날개를 펼쳐 달아나 버립니다. 이처럼 말씀에는 능력이 있습니다. 우리도 크리스천처럼 매일매일 믿음의 방패와 말씀의 검으로 무장할 수 있어야 할 것입니다.

저는 여기서 두 가지를 생각해 보고 싶습니다. 우선, 그동안 간접적으로 유혹해 오던 마귀가 왜 이제는 직접적으로 나서는 것일까요?《천로역정》은 그 이유를 이렇게 설명합니다.

아볼루온 / 이 세상에 자기 백성이 도망가도록 가만히 놓아 주는 왕은 어디에도 없다. 나는 절대 너를 놓아 주지 않을 것이다.*

과거에 우리는 이 세상의 신, 다시 말하면 사탄의 종노릇하던 자였습니다. 우리가 인정하든 안 하든 상관없습니다. 우리는 다 종이었습니다.

전에는 우리도 다 그 가운데서 우리 육체의 욕심을 따라 지내며 육체와 마음의 원하는 것을 하여 다른 이들과 같이 본질상 진노의 자녀이었더니 엡 2:3

그런 우리가 사탄에게서 등을 돌리기 시작하자 직접 나서게 된 것입니다. 그러니 맹렬한 전쟁이 벌어질 수밖에 없는 것입니다. 하지만 이 전쟁은 우리에게 '맹렬하나 승산 있는 싸움'입니다. 왜 그렇습니까? 이어지는 말씀을 보십시오.

허물로 죽은 우리를 그리스도와 함께 살리셨고 (너희는 은혜로 구원을 받은

---

* 존 번연,《천로역정》, p. 110.

것이라) 또 함께 일으키사 그리스도 예수 안에서 함께 하늘에 앉히시니

엡 2:5-6

우리는 예수 그리스도 안에서 국적이 달라졌습니다. 모시는 왕이 달라졌습니다. 그런데도 사탄은 아직도 우리를 자기 백성이라고 착각합니다. 그래서 어떻게든 빼앗으려고 발악합니다. 하지만 우리는 이미 하나님의 자녀가 되었습니다. 이 사실을 믿으십시오.

그러나 아직도 여전히 마귀에게 종노릇하고 있는, 그렇게 살고 있다는 것도 모른 채 죽어 가고 있는 영혼이 너무나도 많습니다. 그 영혼이 가족일 수도 있고, 친구일 수도 있습니다. 그들을 마음에 품고 기도하십시오. 그렇게 그 영혼을 살려 낼 수 있는 그리스도인이 되기를 바랍니다.

또 한 가지 생각해 보고 싶은 것은, 아볼루온이 맹렬한 공격을 펼친 장소에 관한 것입니다. 그 장소가 어디였습니까? 한 곳은 '겸손의 골짜기'이고, 다른 한 곳은 '사망의 음침한 골짜기'(Valley of the Shadow of Death)였습니다. 사망의 음침한 골짜기는 원래 그런 곳이니 그러려니 하겠는데, 겸손의 골짜기에서는 왜 공격을 받은 것일까요?

아볼루온의 공격 앞에 서면 이 세상 것들은 더 이상 소용이 없어집니다. 더 이상 자랑할 수도 없고, 세상의 것이 통하지도 않습니다. 그런 그곳에서 우리는 철저하게 겸손을 배우게 됩니다. 그

곳에서 자신을 낮추고 하나님만을 의지하는 법을 배우게 되는 것입니다. 그래서 겸손의 골짜기인 것입니다. 실패와 좌절로 겸손하게 되는 자리, 고난으로 겸손을 배우게 되는 자리, 그렇게 겸손을 배우는 자리에서 우리는 승리하게 될 것입니다.

혹시라도 악한 것들의 직접적인 공격을 받고 있다면 두 가지를 꼭 기억하십시오! 첫째는, 당신이 이미 하나님의 자녀가 되었기에 공격하는 것입니다. 둘째는, 지금이 진짜 겸손을 배울 수 있는 기회라는 사실입니다.

이 지구촌에도 여러 전쟁이 계속되고 있지만, 우리 인생도 마찬가지입니다. 계속되는 지구전입니다. 주변에서 속 시끄러운 일들이 벌어집니까? 영적 전쟁일 수 있습니다. 어떻게 해서든 순례의 길을 포기하게 하려는 것입니다. 그럴수록 믿음의 방패와 하나님의 말씀의 검을 들고 악한 마귀가 만들어 놓은 고약한 상황에 깊이 찔러 넣을 수 있기를 바랍니다. 더불어 그 가운데서 진짜 겸손을 배울 수 있는 '겸손의 골짜기'를 통과하는 그리스도인이 되기를 바랍니다.

1. 다음 내용은 누가 한 말인가?

"너는 내 백성이로구나. 멸망의 도시는 내 소유이니 말이다."

"자, 지금이라도 내게 돌아오기만 하면 기꺼이 눈감아 주겠다."

"나의 지옥을 두고 맹세하는데, 너는 여기서 한 발자국도 더 나가지 못할 것이다."

2. 절망의 늪에서 크리스천에게 손 내밀었던 '도움'은 누구를 가리키는가?

3. 상처를 입은 크리스천이 어떤 나무의 잎사귀를 상처에 바르자 즉시 아물었는가?

① 뽕나무   ② 감람나무   ③ 생명나무   ④ 소나무

4. 지옥의 입구에서 나온 화염과 연기에 맞서기 위해 크리스천이 꺼낸 또 다른 무기는 무엇인가?

① 모든 기도   ② 모든 방패   ③ 모든 창   ④ 모든 소화기

5. 아볼루온의 맹렬한 공격을 받은 장소는 어디인가?

겸손의 골짜기, 그랄 골짜기, 므깃도 골짜기, 사망의 음침한 골짜기, 아골 골짜기, 아얄론 골짜기, 힌놈 골짜기, 헤브론 골짜기

1. 아볼루온 2. 보혜사 3. ③ 4. ① 5. 겸손의 골짜기

1. 성경은 우리를 미혹하는 악한 세력을 다양하게 표현합니다. 마귀의 여러 명칭을 살펴보고 다양하게 표현한 이유를 생각해 봅시다(계 9:11, 12:9; 마 12:24; 고후 6:15; 사 14:12; 엡 2:2, 6:12).

2. 순례의 길을 시작할 때 만나는 유혹은 무엇이며 어떤 모양으로 다가옵니까? 이러한 유혹을 이길 방법은 무엇인지 살펴봅시다(시 40:2; 요 14:16-18).

3. 순례의 길을 한창 걸어갈 때 만나는 유혹은 무엇이며 그 특징은 무엇입니까? 일상에서 당신이 발견하는 마귀의 간계는 무엇인지 생각해 보고 어떻게 대항할지 나누어 봅시다(엡 6:11).

4. 마귀의 공격이 직접적인 이유는 무엇이며, 그럼에도 우리에게 승산이 있는 싸움인 이유는 무엇입니까(엡 2:3, 5-6)? 아볼루온의 맹렬한 공격을 받은 곳은 어디이며, 그 장소가 시사하는 것은 무엇인지 나누어 봅시다.

5. 우리 인생에서 전쟁은 계속됩니다. 다양한 유혹을 믿음의 방패로 막아 내고, 하나님의 말씀을 가지고 승리해 겸손을 배울 수 있기를 바랍니다.

¹⁵그리스도 안에서 일만 스승이 있으되 아버지는 많지 아니하니 그리스도 예수 안에서 내가 복음으로써 너희를 낳았음이라 ¹⁶그러므로 내가 너희에게 권하노니 너희는 나를 본받는 자가 되라 ¹⁷이로 말미암아 내가 주 안에서 내 사랑하고 신실한 아들 디모데를 너희에게 보내었으니 그가 너희로 하여금 그리스도 예수 안에서 나의 행사 곧 내가 각처 각 교회에서 가르치는 것을 생각나게 하리라 고전 4:15-17

6

우리 자녀의
신앙 캐릭터

《천로역정》은 크리스천이 천국에 이르는 동안 겪게 되는 이야기를 우화로 소개합니다. 그러다 보니 수많은 캐릭터가 등장합니다. 우리가 신앙생활하는 동안 접하게 되는 사람들, 생각들, 각종 가르침들이 캐릭터가 되어서 주인공 앞에 나타나는 방식의 이야기입니다. 처음 읽으면 약간 유치하면서 웃기기도 합니다. 그런데 읽으면 읽을수록 놀라운 것은, 존 번연이 주변에서 경험한 사람들이나 지금 우리가 경험하는 사람들이 별반 다르지 않다는 사실입니다. 그렇다면 우리 각 사람을 이름 대신 캐릭터로 부른다면 무엇으로 불리게 될까요? 한 번쯤은 생각해 볼 만한 문제입니다. 적어도 '신앙의 안티'로 불려서는 안 될 것입니다.

임종을 앞둔 소크라테스(Socrates)가 아테네 시민들에게 마지막으로 외친 말이 있습니다.

"당신들은 세상의 돌멩이를 모두 돈으로 만들고 싶어 하지만, 그보다 중요한 것이 있습니다. 그것은 어린이들을 좀 더 정성을 기울여 교육하는 것입니다."

돈보다 소중한 것이 자녀 교육입니다. 그리고 다른 어떤 교육보다도 신앙 교육이 중요합니다. 하지만 신앙 교육이 참 쉽지 않습니다. 왜 그럴까요? 신앙 교육이 잘 안 되는 이유는 무엇일까요?

하다못해 맛집도 그 맛을 전수하려고 마음만 먹으면 전수해 줄 수 있습니다. 호떡집도 호떡 장인이 노하우를 가르쳐 주면 비슷하게 흉내를 냅니다. 거기에 성실함과 장사 수완이 더해지면 성공도 할 수 있습니다. 그런데 이상하게도 신앙만큼은 전수가 잘 안 됩니다. 과거 20여 년 전만 해도 부모의 신앙을 능가하는 자녀가 교회 안에 많았습니다. 믿지 않는 부모 밑에서 신앙을 지키며 하나님을 뜨겁게 사랑하는 보배 같은 아이들이 교회의 기둥이었습니다. 그런데 근래에는 어느 집을 봐도 부모의 신앙을 능가하는 자녀를 찾아보기가 어렵습니다. 왜 그런 것일까요? 왜 신앙 교육에 실패하는 것일까요?

교육에는 두 가지 전제 조건이 갖춰져야 합니다. 첫 번째는 교육의 내용이고, 두 번째는 교육의 방법입니다. 신앙 교육에 실패하고 있다면, 우선은 이 두 가지를 의심해 봐야 합니다.

우선 신앙 교육의 내용은 무엇입니까? 양보할 수 없는 내용은 예수 그리스도의 십자가와 부활을 담고 있는 하나님의 말씀입니다. 수정할 필요가 있습니까? 잘못된 부분이 있어서 고쳐야 합니까? 아닙니다. 하나님의 말씀은 보태거나 뺄 필요가 없는 진리입니다. 그러므로 내용에는 문제가 없습니다. 완벽합니다. 그러면 고민해야 할 것은 '내용'이 아니라 '방법'입니다. 어떻게 자녀들을, 다음 세대들을 교육해야 할 것인가, 그 방법을 놓고 고민해야 합니다.

아버지가 되어야 한다

본문을 보십시오.

그리스도 안에서 일만 스승이 있으되 아버지는 많지 아니하니 그리스도 예수 안에서 내가 복음으로써 너희를 낳았음이라 고전 4:15

바울은 고린도교회 성도들을 향해 "나는 그리스도 안에서 너희에게 스승이 되지 않고 아비가 되어 너희를 낳았다"라고 말합니다. 자신을 '스승'이 아니라 '아버지'라고 말합니다. 아버지가 되었다는 것은 이해가 되는데, 굳이 스승이 아니라고 강조할 필요가 있을까요? '스승'도 좋은 것이 아닌가요?

우선은 '스승'에 대한 이해가 필요합니다. 바울이 말하는 '스승'은 우리가 보통 생각하는 군사부일체(軍師父一體)의 스승이 아닙니다. 여기서의 '스승'은 헬라어로 '파이다고구스'라 하는데, 엄격하게 말하면 '노예'입니다. 고대 사회에서 경제적으로 여유 있는 집에는 여러 명의 노예가 있었습니다. 그중에서 글도 알고 좀 똑똑한 친구는 주인의 명에 따라 주인의 아들을 가르치며 예의범절을 지킬 수 있도록 돌보는 일종의 '개인 교사 노예'로 일했습니다. 바울은 이러한 '스승'을 말하는 것입니다. 갈라디아서에서는 이것을 '초등 교사'로 번역해 놓았습니다(갈 3:24 참조).

주인의 아들을 데리고 다니면서 스승 역할을 하기는 하지만 신분은 여전히 노예입니다. 노예이기 때문에 가르치기는 하지만 의무감의 한계를 벗어나지 못합니다. 노예이기 때문에 가르치기는 하지만 늘 삯을 기대합니다. 그런데 당시 교회 안에 이런 스승이 많았던 것입니다. 믿음의 성장을 끝까지 염려하고 책임지는 것이 아니라, 잠시 스쳐 지나가는 인연으로 맡았으니 어쩔 수 없이 가르치는 정도의 스승 말입니다. 바울은, 이런 '스승'은 많지만 '아버지'는 많지 않다고 말하고 있는 것입니다.

적어도 자녀에게는 의무감으로 때우는 스승이 아니라, 영적 아버지가 될 수 있기를 바랍니다. 마지못해 신앙 교육을 흉내 내는 정도가 아니라, 아버지의 마음으로 힘쓸 수 있기를 바랍니다. 물론 이렇게 생각하는 사람이 있을 수 있습니다.

'아니, 우리가 부모인데 아버지나 어머니가 아닌 적이 있었는가?'

그런데 간과하지 말아야 할 것이 있습니다. 육신의 부모는 자연스럽게 될 수 있지만, 영적인 부모가 되기 위해서는 반드시 필요한 과정이 있다는 것입니다. 본문 15절을 다시 한번 보십시오.

그리스도 안에서 일만 스승이 있으되 아버지는 많지 아니하니 그리스도
예수 안에서 내가 복음으로써 너희를 낳았음이라 고전 4:15

"내가 복음으로써 너희를 낳았음이라." 이것이 핵심입니다.
낳아야 합니다. 복음으로 자식을 낳아야 합니다. 배 아파서 낳은
것으로 부모 노릇을 다했다고 생각하지 마십시오. 구원의 확신은
커녕 교회에는 다니지만 언제든지 신앙을 떠나고 싶은 마음을 품
고 사는데도 이런 고민에 대한 나눔이 이루어지지 않고 있다면,
적어도 영적인 부분에 있어서는 부모가 아닌 것입니다. 대충 때
우는 노예일 뿐입니다. 영적인 부모라면 적어도 자녀들에게 복음
의 기본을 확인시켜 줄 수 있어야 합니다.

모든 사람이 죄를 범하였으매 하나님의 영광에 이르지 못하더니 롬 3:2.

하나님이 세상을 이처럼 사랑하사 독생자를 주셨으니 이는 그를 믿는
자마다 멸망하지 않고 영생을 얻게 하려 하심이라 요 3:16

영접하는 자 곧 그 이름을 믿는 자들에게는 하나님의 자녀가 되는 권세
를 주셨으니 요 1:12

그러나 감사하게도 하나님께서 이미 자녀에게 믿음을 선물로 주셨다면, 이제는 그 믿음을 길러 내는 부모가 될 수 있기를 바랍니다. 세상에서 믿음으로 어떻게 살아갈 것인지, 이 순례의 길을 어떻게 완주할 것인지를 함께 고민하면서 길러 내야 영적인 부모입니다. 바울은 적어도 이 부분에 자신이 있었기에 피 한 방울 안 섞인 디모데를 '신실한 아들'이라고 소개했습니다.

내가 주 안에서 내 사랑하고 신실한 아들 디모데를 너희에게 보내었으니 고전 4:17a

본이 되어야 한다

바울은 본문 15절에서 '그리스도 예수 안에서 내가 복음으로써 너희를 낳았다'라고 말하고는 16절에서 이렇게 말합니다.

그러므로 내가 너희에게 권하노니 너희는 나를 본받는 자가 되라 고전 4:16

여기에 아버지 됨의 핵심이 나옵니다. 본받을 수 있는 모델이 되라는 것입니다.

우리는 보통 아이들에게 신앙을 가르칠 때 "사람 보고 믿지 말고 하나님 보고 믿어라"라고 말합니다. 필요한 이야기일 수도 있지만, 한편으로는 대단히 위험한 이야기입니다. 첫째는, 사람은 믿을 수 없는 존재라는 불신을 조장하기 때문입니다. 둘째는, '나처럼 너도 대충 위선적으로 살아도 된다'는 이야기가 될 수 있기 때문입니다. 그러나 사도 바울을 보십시오. 그는 자신을 본받는 자가 되라고 말합니다. 예수님이 아닙니다. 자신을 본받으라고 말합니다.

이는 바울이 교만해서 그런 것이 아닙니다. 바울은 자신이 기독교 교육의 최종 목표가 아니라는 것을 분명히 밝혔습니다.

내가 그리스도를 본받는 자가 된 것같이 너희는 나를 본받는 자가 되라
고전 11:1

무턱대고 본받으라고 하는 것이 아닙니다. 자신이 그리스도를 본받으려고 애쓰고 노력하는 것처럼 우리도 그런 바울을 본받아야 한다는 것입니다. 이 정도 수준의 본이 되라고 하면 솔직히 좀 부담스럽습니다. 하지만 그렇지 않습니다. 하루하루 맡겨진 순례의 길을 잘 걸어가면 되는 것입니다.

앞 장에서 크리스천은 '겸손의 골짜기'에 이어서 '사망의 음침한 골짜기'를 지나게 됩니다. 어느 정도인가 하면, 그 공포와 두려움에 정신이 혼미해질 정도로 음침한 골짜기입니다. 너무 고통스러운 나머지 마귀가 자기 귀에 하나님을 모욕하라는 온갖 말을 속삭이며 미혹할 때, 그것이 자기가 한 말인 줄 알고 괴로워할 정도였습니다.

이렇게 혼미할 때 저 멀리서 외치는 누군가의 외침 소리가 들립니다. 골짜기이니 울려서 들렸을 것입니다. 그 외침이 무엇입니까?

내가 사망의 음침한 골짜기로 다닐지라도 해를 두려워하지 않을 것은 주께서 나와 함께하심이라 주의 지팡이와 막대기가 나를 안위하시나이다

시 23:4

크리스천은 이 외침에 힘을 얻습니다. '아, 나만 이 골짜기 속에 있는 것이 아니구나! 이 사망의 골짜기에 앞서가는 이가 있구나! 포기하지 않고 나아가면 순례의 길에서 길동무를 만날 수 있겠구나!'라는 기대로 가까스로 사망의 음침한 골짜기를 벗어납니다.

그렇게 벗어난 후 앞서가는 누군가를 발견합니다. 먼발치에서 뒷모습만 봐도 함께하고 싶을 정도로 믿음직해 보였습니다. 바로 '신실'(Faithful)이라는 사람이었습니다. 그는 크리스천이 뒤에서 "이보게! 이보게! 잠깐 멈추게, 나랑 같이 가세!" 하며 불러도 가야 할 걸음을 멈출 수 없다며 자기 갈 길을 멈추지 않고 갔습니다.

이와 같은 역할을 누가 해야 할까요? 조금 앞서 믿음의 길을 걸으며 뒤에 따라오는 이에게 용기를 주는 역할을 누가 해야 할

멈추지 않고 믿음의 길을 걷는 신실 © 필그림하우스

까요? 부모입니다. 솔직히 부모도 자식도 모두 사망의 음침한 골짜기를 지나야 합니다. 부모도 인생이 쉽지 않습니다. 그러나 신실이 자기가 살기 위해 "내가 사망의 음침한 골짜기로 다닐지라도"라고 외친 것이 뒤따르던 크리스천에게 격려가 되었던 것처럼, 부모인 우리도 우리를 뒤따르는 자녀들에게 힘과 용기를 줄 수 있어야 합니다.

그러니 부모들이여! 지금 있는 자리에서 잘 살아 주십시오. 믿음으로 잘 살아 주십시오. 미국의 저명한 심리학자인 제임스

볼드윈(James Mark Baldwin)은 이렇게 말합니다.

"어른의 말을 잘 듣는 아이는 없다. 하지만 어른이 하는 대로 따라 하지 않는 아이도 없다."

말이 아니라, 순례의 길에서 살아 내는 모습으로 본을 보여 주는 영적 부모가 될 수 있기를 바랍니다. 그렇게 될 때, 우리 자녀의 신앙 캐릭터는 '신실', '소망', '믿음'이 될 것입니다.

믿음은 말이 아닌
삶을 통해 증명되어야 합니다.

1. '아버지'가 되려면 무엇으로 자식을 낳아야 하는가?

2. 크리스천의 든든한 벗이 된 사람은 누구인가?

   ① 수다쟁이   ② 변덕   ③ 신실   ④ 첫 번째 아담

3. 마음속에 신앙은 없고 그저 말로만 떠드는 사람으로 믿음을 아주 욕되게 하는 자는 누구인가?

   ① 수다쟁이   ② 개구쟁이   ③ 소금쟁이   ④ 고집쟁이

4. 크리스천이 사망의 음침한 골짜기에서 정신이 혼미해질 때, 앞서 가는 누군가가 "내가 사망의 음침한 골짜기로 다닐지라도 해를 두려워하지 않을 것은 주께서 나와 함께하심이라 주의 지팡이와 막대기가 나를 안위하시나이다"(시 23:4)라고 외친 소리를 듣고 힘을 냈는데, 누가 외친 것인가?

5. 빈칸에 들어갈 말은 무엇인가?

> 신앙 교육의 양보할 수 없는 내용은 예수 그리스도의 십자가와 부활을 담고 있는 하나님의 (   )입니다.

1. 복음 2. ③ 3. ① 4. 신실 5. 말씀

1. 신앙 교육에 실패하는 이유는 무엇입니까? 교육의 두 가지 전제 조건을 살펴봅시다(딤후 3:16).

2. 올바른 신앙 교육의 첫 번째 방법은 무엇입니까(고전 4:15)? 본문에 등장하는 스승과 아버지에 대한 의미를 살펴봅시다(갈 3:24).

3. 부모는 복음으로 자녀를 낳는 영적 아버지의 역할을 감당해야 합니다. 당신이 최근 자녀와 나눈 영적 대화는 무엇입니까? 자녀에게 올바른 복음을 가르치고 있는지 점검해 봅시다(롬 3:23; 요 1:12, 3:16).

4. 올바른 신앙 교육의 두 번째 방법은 무엇입니까(고전 4:16, 11:1)? 자녀가 올바른 믿음의 길을 가도록 부모로서 어떤 신앙의 본보기가 되고 있는지 점검해 봅시다.

5. 부모는 자녀들의 영적 아버지가 되어서 앞서 믿음으로 살아 내는 본을 보여야 합니다. 자녀들의 캐릭터가 신실, 소망, 믿음이 될 수 있도록 함께 기도합시다.

¹다윗의 아들 예루살렘 왕 전도자의 말씀이라 ²전도자가 이르되

헛되고 헛되며 헛되고 헛되니 모든 것이 헛되도다 전 1:1-2

7

헛된 유혹과
모진 박해 속에서

서로 동행하게 된 크리스천과 신실은 허망한 것들을 가득 가져다
가 파는 일명 '헛됨의 시장'(Vanity Fair)을 만납니다. 다른 번역본에
서는 '허영의 시장'이라고도 합니다. 아담과 하와 이후에 수많은
순례자가 헛됨의 시장에서 파는 것들로부터 유혹을 받아 믿음의
길을 떠났다고 합니다. 명예, 돈, 쾌락, 유혹과 같은 세상의 현란
한 것들로부터 말입니다. 이때 우리는 이런 생각이 듭니다.

'그런 길이라면 피해서 가도 되지 않나?'

하지만 피할 수 없습니다. 천성을 향한 순례의 길에는 반드시
이 도시가 포함되어 있습니다. 이 시장을 지나가야 합니다. 그러
나 크리스천과 신실이 이 헛됨의 시장에 들어섰을 때, 이들은 이
시장에 아무런 관심이 없었습니다. 그들의 눈에는 전도자의 고백

처럼 모든 것이 헛되게 느껴졌기 때문입니다. 그래서 이 헛됨의 시장에서 파는 물건에 유혹되지 않았습니다.

장사를 생업으로 하는 사람이라면 알 것입니다. 최상품이라고, 진짜 좋은 물건이라고 자부심을 갖고 진열해 놓았는데 지나가는 사람들이 거들떠보지도 않으면 속상하고 기분이 나쁩니다. 헛됨의 시장에 있는 상인들도 마찬가지였습니다. 그래서 그들은 "당신들은 도대체 뭐에 관심이 있으시오?"라고 물었습니다. 그러자 그들은 '진리에 관심이 있다'고 대답합니다. 그 대답에 시장이 발칵 뒤집혔습니다. 그따위를 찾는다고 말입니다. 시장이 소란으로 들끓게 되면서 끝내 그 도시의 책임자가 두 순례자를 체포해서 심문합니다. 그들은 재판에 넘겨져서 말도 안 되는 곤욕을 치르게 됩니다.

그렇다면 이 말도 안 되는 헛됨의 시장은 어디에 있는 것일까요?

우리 삶 주변에 널려 있다

오른쪽에 있는 사진은 존 번연이 어린 시절에 늘 보아 왔던 잔디밭입니다. 그는 그 자리에서 언제나 축제와 시장이 열리는 것을 보아 왔습니다. 잔디밭 한가운데는 말뚝이 박혀 있는데, 그 아래쪽에는 'Remains of Medieval Market Cross', 곧 '중세 시대에 시장에 세워 놓았던 십자가 유적'이라는 내용이 기록되어 있습니다.

엘스토 마켓플레이스 말뚝과 팻말 ⓒ 김종원

　그리고 보면 헛됨의 시장은 존 번연이 만들어 낸 것이 아니라, 그가 늘 보아 온, 그의 삶 주변에 늘 있었던 것입니다. 우리도 마찬가지입니다. 헛됨의 시장은 우리 삶 주변에 있습니다. 어쩌면 우리의 삶 자체가 헛됨의 시장의 상품일 수도 있고, 우리가 그 상품을 파는 상인일 수도 있습니다. 그래서 순례의 길에서 피하면 좋겠지만, 절대로 피할 수 없는 것입니다. 우리는 늘 그렇게 살고 있기 때문입니다. 세상의 가치관 속에서, 세상의 유혹 속에서 하나님을 떠나 살게 하는 것들에 둘러싸여 살아가기 때문입니다.

헛됨의 시장은 온갖 사기, 도박, 핏빛 살인, 불륜, 거짓 맹세와 같은 것들이 거래되는 시장이라고 했습니다. 사실 그 정도는 아니지만, 헛됨의 시장에서 거래되는 것들을 우리가 전부 싫어합니까? 아닙니다. 좋아하는 것들도 있고, 실제로 필요한 것들도 있습니다. 그러니 이것을 어떻게 피하겠습니까! 하지만 우리가 진짜로 경계해야 하는 것은 그 헛됨이 꽉 차서 하나님과 멀어지는 것입니다. 예배가 멀어지고, 기도가 멀어지고, 성도 간의 교제가 멀어지는 것, 그래서 결국은 하나님을 떠나게 하는 것, 이것은 눈에 불을 켜고 경계해야 합니다.

그러기 위해서 이 시장의 이름을 주목해 봅시다. 헛됨(허영)의 시장은 영어로 'Vanity Fair'라 하는데, 여기서 'vanity'는 '공허, 헛됨'이라는 뜻입니다. 본문의 말씀은 그것이 꽉 차고 넘치는 장면을 묘사합니다.

전도자가 이르되 헛되고 헛되며 헛되고 헛되니 모든 것이 헛되도다 전 1:2

혹시 당신의 마음이 세상의 헛되고 허망한 것들로 꽉 들어차 있지는 않습니까? 신앙이 성숙해진다는 것은 이런 것을 분별할 줄 안다는 것입니다.

전도서를 기록한 솔로몬도 사실은 이런 성숙의 과정을 거쳤습니다. 솔로몬은 전도서 외에도 잠언과 아가서를 기록했는데, 그중 아가서는 솔로몬이 젊었을 때 기록한 것입니다. 술람미 여인과 나누었던 뜨거운 사랑을 주제로 신랑 되신 하나님과 그의 신부 된 성도 간의 끊을 수 없는 관계를 설명하고 있습니다. 여기에는 그 어디에도 인생에 대한 허무나 헛됨에 대한 반성과 돌아봄이 없습니다. 잠언은 솔로몬이 중년이 되었을 때 기록한 것으로, 그의 원숙한 삶의 체험을 바탕으로 지혜로운 삶이 무엇인지를 알려 주고 있습니다.

반면에 전도서는 인생의 황혼기에 자신이 걸어온 인생의 발자취를 돌아보며 성령의 영감 가운데 기록한 것입니다. 그런데 전도서는 시작부터 '인생 허무'입니다. 전도서는 그리 길지도 않은데 스물여덟 번이나 헛되다고 이야기합니다. 그러면서 이렇게 질문합니다.

해 아래에서 수고하는 모든 수고가 사람에게 무엇이 유익한가 전 1:3

'해 아래'라는 것은 하나님이 빠져 버린 '죄 아래서'라는 의미입니다. 그런 삶이 얼마나 허무하냐는 것입니다. 그러면서 그런 인생은 바람을 잡으려는 것 같다고 표현합니다.

내가 해 아래에서 행하는 모든 일을 보았노라 보라 모두 다 헛되어 바람을 잡으려는 것이로다 전 1:14

바람을 잡으려는 시도는 정말 무모한 것이 아닙니까? 그런데 전도서에서 '헛되어 바람을 잡으려는 것'이라는 말을 일곱 번이나 합니다(전 1:14, 2:11, 17, 26, 4:4, 16, 6:9). 그러면서 솔로몬 자신도 그같은 시도를 해 봤다고 고백합니다. 그런데 결론이 무엇입니까?

나는 내 마음에 이르기를 자, 내가 시험 삼아 너를 즐겁게 하리니 너는 낙을 누리라 하였으나 보라 이것도 헛되도다 전 2:1

적당히도 해 보고, 마음도 다잡으며 애쓰고 노력했다는 것입니다. 그러나 결국은 이런 노력도 헛되다는 것입니다.

기억하십시오. 곳곳에 허망한 것들이 있습니다. 그런데 그것이 단순히 허망한 것으로 끝나지 않고 하나님으로부터 멀어지게 하는 것이라면, 그것은 유혹이요, 덫입니다. 그것에 걸려 넘어지지 않기를 바랍니다.

그런데 이것이 쉽지 않습니다. 헛됨의 시장에 크리스천과 신실, 두 명이 들어섰지만 크리스천만 살아서 나옵니다. 이상한 것은 시장인데 사람이 죽습니다. 평범한 시장인데 사람을 죽입니다. 좀 전에 지나온 아볼루온과의 전쟁이 벌어졌던 골짜기나 사망의 음침한 골짜기가 아닌 그저 시장인데 말입니다. 이게 무서운 것입니다.

오늘날의 세상도 똑같습니다. 괜찮아 보이지만, 사람을 죽입니다. 영혼을 파괴합니다. 신앙을 잡아먹습니다. 당신의 마음을 헛된 것으로 채우지 않기를 바랍니다.

견뎌 낸 신앙은 계승된다

《천로역정》의 6장을 읽다 보면 인생이 참 허무하고, 심지어는 순례의 길도 허무하다는 생각이 듭니다. 왜냐하면 신실이 정말 아무 이유 없이 죽기 때문입니다. 물론 예고된 것이지만 말입니다.

크리스천과 신실이 헛됨의 시장에 들어서기 전에 반가운 사람을 만납니다. 누구입니까? 전도자를 만납니다. 서로 반갑게 인사하고 그간의 일을 쭉 나눕니다. 서로 격려하고 위로하던 중에 전도자가 선지자 역할도 하기에 앞으로 벌어질 일을 일러 주며 마음을 준비시킵니다.

이 광야를 지나면 한 마을을 만날 텐데, 그곳에서 두 분을 죽이려고 달려드는 적들에게 둘러싸일 것입니다. 그곳에서 두 사람 가운데 한 분은 피로써 믿음을 증명해 보여야 합니다.[*]

실제로 어떻게 되었습니까? 두 사람이 말도 안 되는 재판에 넘겨집니다. 왜 말이 안 되는지는 배심원의 명단을 보면 알 수 있습니다. 배심원은 '맹목(Blind-man), 불량(No-good), 악의(Malice), 호색(Love-lust), 방탕(Live-loose), 무모(Heady), 거만(High-mind), 증오(Enmity), 거짓말쟁이(Liar), 잔인(Cruelty), 빛 혐오(Hate-light), 완강(Implacable)'이었습니다. 이들이 오히려 재판을 받아야 마땅한 것

....
[*] 존 번연,《천로역정》, pp. 161-162.

이 아닙니까? 그런데 거꾸로 악한 자들이 만장일치로 의인을 유죄로 확정합니다. 그리고 속전속결로 사형을 언도합니다. 그래서 신실은 마치 예수님처럼 끌려나가 채찍질을 당하고, 살점이 도려지고, 돌로 얻어맞고, 마지막으로 말뚝에 묶여 한 줌의 재로 불태워집니다. 순교를 당한 것입니다. 반면에 크리스천은 천신만고 끝에 탈출합니다.

이쯤 되면 순례의 여정 초반에 절망의 늪에 빠졌을 때 '변덕'이 외쳤던 외침을 우리도 하고 싶을 지경입니다.

"이게 당신이 내내 이야기한 행복인가요? 그 잘난 나라는 당신 혼자서나 가시지요."

도대체 이들이 무슨 죄를 지었다고 이런 고통을 당하는 것일까요? 하지만 그래서 세상이 무서운 것입니다. 세상은 결코 호락호락하지 않습니다. 만일 이렇게 끝나 버리면, 우리는 계속해서 이런 질문을 할 수밖에 없습니다.

'과연 하나님의 공의는 어디에 있는 것인가?'

그런데 중요한 것은, 신실이 억울하게 죽임을 당할 때 그를 지켜보던 사람이 있었습니다. 그 모습이 마음에 깊은 울림이 되었습니다. 안 그래도 헛됨의 시장에 살면서 마음에 갈급함이 있었는데, 신실이 끝까지 믿음으로 사는 모습을 보면서 그가 붙들었던 믿음을 붙잡기로 마음먹습니다. 그게 누구입니까? '소망'(Hopeful)입니다. 이제 소망이 결단하고 신실을 대신해서 크리스천과 함께 순례의 길을 떠납니다.

신실의 삶은 헛되기만 했습니까? 아무것도 남기지 못한 채 억울하게 죽기만 했습니까? 아닙니다. 신실이 소망을 남긴 것입니다. 믿음의 계승이 일어난 것입니다. 예수님도 마찬가지입니다. 괜히 억울하게 십자가에 달려 돌아가시기만 한 것이 아니라 제자들을 남기셨습니다. 우리가 바라는 것이 바로 이것입니다. 믿음을 계승하고, 그리스도의 남은 고난을 채우는 것입니다(골 1:24 참조).

그러면 존 번연은 어땠을까요? 영국에서 참 마음이 따뜻해지는 장면을 보았습니다. 존 번연이 어린 시절에 다녔던 교회를 방문했는데 교회 안에 돌 세면대 같은 것이 있었습니다. 유아 세례 처소였습니다. 그 위에 아주 오래된 명패가 있었는데, 그곳에서 존 번연이 유아 세례를 받았고, 그의 딸도 세례를 받았고, 그의 또 다른 딸도 이곳에서 유아 세례를 받았다고 기록되어 있었습니다.

엘스토 교회의 세례 처소 ⓒ 김종원

In this FONT were baptised

John Bunyan, 30th November, 1628

Mary Bunyan, his blind daughter, 1650

Elizabeth Bunyan, another daughter, 1654

존 번연과 두 딸의 세례 기록 명패 ⓒ 김종원

이런 흔적이 여기에만 있는 것이 아닙니다. 본격적으로 설교 사역을 했던 베드퍼드에 있는 한 교회의 정면 오른쪽에 명판이 있었는데, 한나 번연(Hannah Bunyan)을 기념하기 위한 것이었습니다. 한나 번연은 존 번연의 증손녀입니다. 이런 것이 바로 믿음의 세대 계승인 것입니다.

번연 미팅 교회 ⓒ 김종원

존 번연의 세대 계승 ⓒ 김종원

당신의 믿음은 지금 누구를 낳고 있습니까? 신실처럼 억울하게 순교를 당하라는 것이 아닙니다. 크리스천처럼 모진 고통을 받으며 살라는 것이 아닙니다. 핵심은 당신의 믿음이 계승되고 있느냐는 것입니다. 특별히 소망처럼 우리의 삶을 아주 가까이서 지켜보는 사람에게 말입니다. 우리의 삶을 아주 가까이서 지켜보는 사람이 누구일까요? 바로 자녀입니다. 이렇게 '신실'이 '소망'을 낳았습니다.

《천로역정》에 보면 순례의 길 마지막에 천성을 앞두고 '죽음의 강'(River of Death)을 지나는 장면이 나옵니다. 그런데 마지막 죽음의 강을 건널 때 크리스천이 포기합니다.

"하나님은 나를 버리신 것이 틀림없어."

크리스천이 약해진 것입니다. 그때 나중 된 소망이 오히려 크리스천을 깨우칩니다. 그리고 위로합니다. 끝끝내 그를 이끕니

죽음의 강을 건너는 크리스천과 소망 ⓒ 필그림하우스

다. 필그림하우스의 조형물에 그 부분이 정확하게 나타나 있습니다. 사진 속 조형물 중에 누가 크리스천으로 보입니까? 전신 갑주를 입고 있는 왼쪽 사람이 크리스천입니다. 그런 크리스천을 누가 이끌고 천성을 향해 나아가고 있습니까? 오른쪽에 있는 소망입니다.

우리가 살아가는 이 세상은 모든 것이 헛된 곳입니다. 그러나 우리는 살아 내야 합니다. 마치 순례자들이 이 시장을 반드시 통과해야 하는 것처럼 말입니다. 세상의 유혹을 이기며 순례의 길을 걸어갈 때, 당신에게도 또 다른 순례의 동역자가 생겨나게 될 것입니다. '신실'이 '소망'을 낳았던 것처럼 말입니다.

당신의 마음이 세상의
헛되고 허망한 것들로
가득 차지 않도록 주의하십시오.

1. 우리 삶 주변에 널려 있는 시장의 이름은 무엇인가?

2. 전도자와 헤어진 크리스천과 신실이 광야를 벗어나자 나타난 마을
   의 이름은 무엇인가?

3. 헛됨의 시장에 살면서 마음에 갈급함이 있었던 구도자는 누구인가?

   ① 사랑   ② 은혜   ③ 소망   ④ 축복

4. 빈칸에 들어갈 말은 무엇인가?

   전도자가 이르되 헛되고 헛되며 헛되고 헛되니 모든 것이 (   )

   전 1:2

5. 심문자가 두 사람(크리스천, 신실)에게 어디에서 와서 어디로 가며 뭘
   하고 있는 거냐고 물었을 때, 그들의 대답 중 틀린 것은 무엇인가?

   ① "우리는 순례자요."
   ② "우리는 행복한 도시의 사람들이오."
   ③ "우리는 이 세상에 대해 나그네요."
   ④ "우리는 우리의 본향인 하늘의 예루살렘으로 가는 중이오."

1. 헛됨(허영)의 시장 2. 헛됨 3. ③ 4. 헛되도다 5. ②

1. 헛됨(허영)의 시장의 뜻은 무엇입니까(전 1:2)? 헛됨의 시장은 어디에 있으며, 어떤 곳인지 살펴봅시다.

2. 순례의 길에서 헛됨의 시장을 피할 수 없는 이유는 무엇입니까? 우리 삶 주변에서 어떤 허영을 만나는지 생각해 봅시다.

3. 솔로몬이 전도서에서 '헛되다'라고 말하는 이유는 무엇입니까(전 1:14, 2:11, 17, 26, 4:4, 16, 6:9)? 세상의 헛된 것들을 경계해야 하는 이유는 무엇입니까(전 2:1)?

4. 세상의 유혹을 견뎌 내고 순례의 길을 가면 신앙의 계승이 일어납니다. 당신의 믿음이 자녀에게 계승되고 있는지 점검하고, 믿음의 유산을 물려주기 위한 실천 사항을 생각해 봅시다.

5. 우리가 살아가는 세상은 헛된 유혹과 모진 박해가 가득합니다. 헛된 세상에 마음을 빼앗기지 않고, 유혹을 이겨 믿음의 계승을 이뤄 낼 수 있도록 기도합시다.

¹ 그때에 헤롯왕이 손을 들어 교회 중에서 몇 사람을 해하려 하여 ² 요한의 형제 야고보를 칼로 죽이니 ³ 유대인들이 이 일을 기뻐하는 것을 보고 베드로도 잡으려 할새 때는 무교절 기간이라 ⁴ 잡으매 옥에 가두어 군인 넷씩인 네 패에게 맡겨 지키고 유월절 후에 백성 앞에 끌어내고자 하더라 ⁵ 이에 베드로는 옥에 갇혔고 교회는 그를 위하여 간절히 하나님께 기도하더라 행 12:1-5

사면초가

저는 얼마 전까지만 해도 '환난'이 어떤 의미인지 정확히 잘 몰랐습니다. 그런데 차디찬 수술실에 누워 보니 그리고 수술 후에 말을 할 수 없게 되면서 환난이 무엇인지를 조금은 알게 된 것 같습니다.

이런 상황과 딱 맞는 사자성어가 있습니다. '사면초가'(四面楚歌), 곧 "아무에게도 도움을 받지 못하는, 외롭고 곤란한 지경에 빠진 형편"을 이르는 말입니다(표준국어대사전). 그런데 자세히 보면 좀 이상합니다. '넉 사, 낯 면, 초나라 초, 노래 가'로 이루어진 이 말을 글자 그대로 풀이하면 '사면에서 들려오는 초나라 노래'입니다. 이게 뭐가 그리 곤란한 상황일까요?

이 말은 《초한지》에 나오는 일화에서 유래한 것으로, 진나라

말에 중원이 또다시 양분되어 초나라의 왕 항우와 한나라의 유방이 5년간 싸움을 하게 됩니다. 우여곡절 끝에 초나라의 항우가 한나라에 포위되고 말았습니다. 사실 그 포위를 돌파하면 아무 문제가 없었습니다. 승산은 초나라 항우 쪽에 있었습니다. 그런데 한나라의 장수인 한신이 지략을 펼쳐 초나라 포로들을 싹 다 모아 사면에 둘러서서 초나라 노래를 부르도록 했습니다. 일종의 심리전이라 할 수 있습니다. 사방에서 들려오는 초나라의 노랫소리에 항우는 군사들이 이미 사방에서 다 항복한 줄 알고 절망하게 됩니다. 그러다가 절망에 사로잡혀 그만 어리석게도 자결하고 생을 마치게 됩니다. 허상에 의해 절망에 사로잡혀 버리는 것, 이게 바로 '사면초가'입니다.

《천로역정》의 크리스천에게도 이런 절망이 찾아왔습니다. 크리스천은 헛됨의 시장에서 '신실'을 잃었지만, '소망'과 함께 길을 걷다가 하나님의 강인 '생명수의 강'(River of the Water of Life)에 도착했습니다. 그는 그곳에서 마른 목도 축이고 지친 몸과 마음도 달랬습니다. 다시 발걸음을 옮겨 길을 가던 중 초원을 만났는데, 거기에는 '샛길 초원'(By-path meadow)이 있었습니다. 아무리 봐도 그 길이 쉬워 보여 그 길로 들어섰습니다. 쉬운 길을 조심하라고 했는데도 말입니다(마 7:13; 수 1:7; 잠 4:27 참조). 함께 가던 소망이 말려도 소용이 없었습니다.

아니나 다를까, 그 길로 들어서자 천둥과 번개에 장대비까지 쏟아지는 바람에 강물이 순식간에 불어났습니다. 그리고 불어난 강물에 열댓 번이나 빠져 죽을 뻔했습니다. 그들은 완전 녹초가 되고 말았습니다.

이후 두 사람은 길을 잃어버립니다. 그러다 한 허름한 오두막 쉼터를 발견하고는 거기서 쓰러지듯이 눈을 붙입니다. 그러나 그들이 잠들어 버린 오두막 쉼터는 '의심의 성'(Doubting Castle)에 속한 '절망의 거인'(Giant Despair)이 소유한 땅이었습니다. 그의 영지였던 것입니다. 절망의 거인은 자신의 영지에서 잠든 이 두 사람을 잡아서 가둡니다.

절망의 거인은 크리스천과 소망을 붙잡아 굶기고, 때리고, 욕설을 퍼붓고는 자신의 집 지하 감옥에 가두어 버립니다. 절망의 거인과 그의 아내는 이렇게 몇 날 며칠을 어둠 속에 가두면 스스로 목숨을 끊게 될 것이라는 기대를 하고 있었습니다. 아니나 다를까, 크리스천이 절망의 감옥에서 이렇게 고백합니다.

"친구여, 어떻게 하면 좋겠어요. 우리의 처지가 정말 비참하군요. 정말이지 살아야 할지 내 손으로 이 모진 목숨을 끊어야 할지 정말 모르겠어요."

심지어는 "이 감옥보다 차라리 무덤이 낫겠어요"라고 말합니다. 그러면서 거인의 말대로 그렇게 해야겠다고 말합니다. 그런데 놀라운 것은, 절망의 거인과 관련된 이 대목이 존 번연의 실제 상황이었다는 것입니다. 우울증과 절망으로 인해 고통을 겪었던 자신의 기억을 토대로 기록하고 쓴 내용이 이 대목입니다.

감옥에 갇혀 있던 당시, 존 번연에게는 심각한 고뇌와 갈등이 있었습니다. 왜 안 그랬겠습니까? 감옥에 갇혀 있는 동안, 또 사랑하는 아내를 저 멀리 떠나보내면서 보이는 것은 강물뿐인 상황 속에서 얼마나 갈등이 심했겠습니까? 그렇지만 그는 거기에 머물지 않고 하나님이 허락하신 천성을 바라보았습니다. 그렇게 해서 천로역정의 여정을 끝내 승리로 마칩니다.

우리도 그럴 때가 있습니다. 절망의 거인의 감옥에 갇혀서 그냥 인생을 끝내는 것이 좋겠다고 생각할 때가 한 번씩은 있습니다. 그럴 때 어떻게 하면 좋을까요?

마음을 지켜야 한다

본문의 베드로의 상황도 마찬가지입니다. 감옥에 갇혔습니다. 헤롯이 요한의 형제 야고보를 죽이고 자신도 체포해서 가두었습니다.

그때에 헤롯왕이 손을 들어 교회 중에서 몇 사람을 해하려 하여 요한의 형제 야고보를 칼로 죽이니 행 12:1-2

여기에 나오는 헤롯은 완전히 저주받은 가문이요, 하나님과 원수 된 집안입니다. 소위 헤롯 대왕이라고 불리는 헤롯 1세는 예수님까지 죽이려고 했던 인물입니다. 그 일이 실패로 돌아가자 두 살 이하의 아이들을 눈 하나 깜짝하지 않고 몽땅 죽인 무자비한 왕이었습니다.

헤롯 2세(헤롯 안티파스) 또한 아버지보다 나을 것이 하나도 없었습니다. 동생의 아내를 자신의 아내로 맞아 그 불륜의 부인을 기쁘게 해 주려고 어리디어린 딸 앞에서 세례 요한의 목을 베어 쟁반에 담아다가 그 어린 딸에게 주었습니다.

본문에 등장하는 헤롯은 헤롯 대왕의 손자인 아그립바 1세로서 후에 벌레에 먹혀 죽게 되는데(행 12:23 참조), 그가 칼을 들어 야고보를 죽인 것입니다. 야고보가 누구입니까? 베드로와 요한과 함께 예수님의 핵심 제자 중에 한 명이었습니다. 그런데 이렇게 교회를 박해하자 유대인들이 이 일을 기뻐했습니다.

유대인들이 이 일을 기뻐하는 것을 보고 베드로도 잡으려 할새 때는 무교절 기간이라 행 12:3

사실 이전까지는 유대인들이 로마를 배경으로 하는 헤롯을 경멸했습니다. 이두매(에돔 후손) 출신인 헤롯 집안의 정통성을 신뢰하지 않았습니다. 그러다 보니 헤롯은 늘 유다 백성의 지지에 목이 말랐습니다. 그런데 교회를 박해하니 유대인들이 기뻐하는 것이 아닙니까? 이거구나 싶어서 결국 베드로까지 잡은 것입니다. 하지만 당시는 무교절, 다른 말로 하면 유월절 절기라 처형을 잠시 유예해 둔 것입니다.

우리에게도 이런 순간이 있습니다. 사면초가, 사방이 다 막혀서 방법이 없는 순간이 있습니다. 베드로도, 크리스천도 이런 순간을 맞았습니다. 심지어 크리스천은 절망의 감옥에서 차라리 죽는 것이 좋겠다고 말합니다. 혹시나 이런 때가 온다면, 당신의 마음을 꼭 지킬 수 있기를 바랍니다. 그렇다면 그 마음을 어떻게 지킬 수 있을까요?

기도로 지켜야 한다

사면초가인 베드로의 상황 속에서 교회는 어떻게 했습니까?

이에 베드로는 옥에 갇혔고 교회는 그를 위하여 간절히 하나님께 기도하더라 행 12:5

솔직히 말하면 '지금 기도 가지고 되겠는가' 하는 생각이 듭니다. 지금 피 맛을 보고 광기의 칼춤을 추는 헤롯을 봐도 그렇고, 흡혈귀처럼 죽이라고 달려드는 유대인을 봐도 '뭔가 더 뾰족한 대책이 필요하지, 기도 가지고 뭐가 되겠는가' 하는 회의가 듭니다. 그런데도 뭐가 됩니다. 일단 기도가 마음을 지켜 줍니다.

본문에 이어지는 말씀을 보십시오. 지금은 내일을 모르는 상황입니다. 그런데 베드로가 무엇을 하고 있습니까?

헤롯이 잡아내려고 하는 그 전날 밤에 베드로가 두 군인 틈에서 두 쇠사슬에 매여 누워 자는데 행 12:6

'헤롯이 잡아내려고 하는 그 전날 밤'이라는 것은, 내일이면 도살장의 소처럼 끌려간다는 말입니다. 그런데 그 밤에 베드로가 누워 잤다고 기록하고 있습니다. 참으로 기가 막힙니다. 지금 잠이 올 상황입니까? 심지어 어느 정도로 깊이 잠들었는가 하면, 천사가 와서 옆구리를 쳐 깨울 때까지 몰랐습니다(행 12:7 참조).
　이와 같은 평안은 주로 언제 임합니까? 성경은 우리에게 다음과 같은 힌트를 줍니다.

아무것도 염려하지 말고 다만 모든 일에 기도와 간구로, 너희 구할 것을 감사함으로 하나님께 아뢰라 그리하면 모든 지각에 뛰어난 하나님의 평강이 그리스도 예수 안에서 너희 마음과 생각을 지키시리라 빌 4:6-7

　베드로도 사람이니 걱정이 되었을 것입니다. 그래서 가족에 대한 염려, 교회에 대한 걱정을 가지고 기도했을 것입니다. 그렇게 기도하다 지쳐 쓰러져 있을 때, 하나님이 천사를 보내어 베드로의 눈꺼풀을 살짝 덮어 주셨다고 저는 생각합니다. 마음에 염려되는 것, 걱정되는 것을 다 흩어 버리고 푹 자도록 말입니다. 기도하면 하늘의 평강으로 응답하는 하나님이심을 믿으십시오. 하지만 베드로가 언제 깊은 평강의 잠을 잤는지, 성경의 맥락을 놓

쳐서는 안 됩니다. 그는 '교회가 그를 위하여 간절히 기도할 때' 편히 잠들 수 있었습니다.

얼마 전, 수술 후 병실로 돌아와서 오래되지 않았을 때입니다. 누가 면회를 올 수 있는 상황이 아니었기에 저를 위해 직접적으로 기도해 줄 사람이 없었습니다. 그래서 아내에게 안수 기도를 해 달라고 부탁했습니다. 목소리도 안 나오는 상황이었기에 손 짓, 몸짓으로 안수 기도를 부탁했습니다. 그러자 아내가 떨리는 목소리로 이렇게 기도했습니다.

"하나님, 감사합니다. 지금 이 시간에도 수많은 성도들이 목사의 가정을 위해 기도하고 있습니다. 하나님, 우리가 이렇게 기도의 빚을 많이 졌습니다. 사랑의 빚을 많이 졌습니다. 피 묻은 손으로 어루만져 주시고 고쳐 주십시오."

그제야 비로소 '아, 우리 성도들이 기도하고 있지. 교회가 기도하고 있지' 하며 깨달아지는 것입니다. 그러면서 본문에 기록된 대로 '교회가 그를 위해 기도했을 때 베드로에게 임한 평강'이 무엇인지를 조금은 알게 되었습니다.

존 번연이 《천로역정》에 묘사한 절망의 감옥은 그가 경험한 실제 감옥이었습니다. 그런데 그 감옥을 바라보며 기도하던 사람이 있습니다. 그게 누구일까요? 아내인 엘리자베스(Elizabeth)입니다. 마치 교회가 기도할 때 평강을 누렸던 베드로처럼, 존 번연은 아내의 중보로 인해 절망의 거인에게 잡아먹히지 않았던 것입니다.

존 번연이 1차 투옥된 감옥 자리와 표지석 ⓒ 김종원

존 번연이 2차 투옥된 감옥 자리와 스완 호텔 ⓒ 김종원

그런데 이게 끝이 아닙니다. 기도의 결과는 마음의 평강으로 만 끝나지 않습니다.

부활의 아침이 임한다

본문을 보십시오. 헤롯이 베드로까지 처리하려고 하다가 왜 유보 해 두었습니까?

잡으매 옥에 가두어 군인 넷씩인 네 패에게 맡겨 지키고 유월절 후에 백 성 앞에 끌어내고자 하더라 행 12:4

무교절 기간이었기 때문입니다. 유월절 후에는 백성 앞에 끌 어내어 죽이려고 했습니다.

이 사건과 비교할 수는 없지만, 비슷한 시기에 비슷한 일이 벌어진 적이 있었습니다. 종교 지도자들과 로마 군병들이 한통속이 되어서 예수 그리스도를 십자가에 못 박았습니다. 주님은 유월절 최후의 만찬을 나누고 십자가에 달려 돌아가셨습니다. 유월절 어린양이 되어 돌아가셨습니다. 그런데 그렇게 돌아가시기만 했습니까? 아닙니다. 사망 권세를 깨뜨리고 부활하셨습니다.

우리는 주님이 부활의 첫 열매가 되셨다고 이야기합니다. 그 말은 다음 열매도 있다는 뜻입니다. 그것이 우리의 소망입니다. 그리고 그것은 먼 훗날 주님 앞에서만 일어나는 일이 아니라, 우리의 삶 속에서도 부활의 아침을 맞이할 수 있다는 소망이 됩니다. 지금 그 사건이 벌어지고 있는 것입니다.

베드로를 옥에 가두고 절기가 끝나기만을 기다리고 있었습니다. 그 밤을 보내는 중이었고, 교회는 그를 위해 기도했습니다. 그때 어떤 역사가 일어났습니까?

쇠사슬이 그 손에서 벗어지더라 행 12:7

그런데 손에서 쇠사슬만 벗겨진 것이 아닙니다. 헤롯은 베드로를 가두긴 했지만 어쩌면 감옥을 깨고 나올지도 모른다는 불안감에 간수를 평소보다 여덟 배나 많게 배치했습니다.

잡으매 옥에 가두어 군인 넷씩인 네 패에게 맡겨 지키고 행 12:4a

군인 넷씩 네 패면 총 열여섯 명입니다. 보통은 2인 1조인데, 열여섯 명이면 평소의 여덟 배입니다. 그것도 한 겹이 아니었습니다. 파수(초소)를 이중으로 두었습니다.

이에 첫째와 둘째 파수를 지나 시내로 통한 쇠문에 이르니 문이 저절로 열리는지라 행 12:10

그런데 쇠문이 어떻게 되었습니까? 저절로 열렸습니다.

이렇게 나온 베드로는 자기를 염려하고 있을 성도들을 찾아갑니다. 처음에는 베드로인지 믿지 못하고 깜짝 놀랍니다. 그런데 중요한 것은, 성도들이 기도하기 위해 모여 있었다는 것입니다. 그러나 더 중요한 것은, 절기가 끝나고 예배하기 위해 모여 있었다는 것입니다. 날짜는 다를 수 있지만, 맥락상 유대인들의 유월절 절기와 우리의 부활절은 언제나 겹칩니다.

상상해 보십시오. 이들의 예배가 어떠했을까요? 사로잡혔던 사도를 다시 만났습니다. 이들이 드리는 부활의 주님을 기념하는 주일 예배가 어떠했을까요? 말 그대로 영광스러운 예배였을 것입니다. 저는 우리가 드리는 매주의 예배가 부활절이 되었으면 좋겠습니다.

존 번연은 《천로역정》에서 이것을 그대로 그리고 있습니다. 자살까지 생각했던 절망의 감옥에서 순례자 크리스천과 소망은 자신들이 기도를 잊고 있었다는 사실을 발견하게 되었습니다. 그래서 비로소 기도를 시작합니다. 그 대목을 이렇게 기록합니다.

토요일 자정 무렵, 크리스천과 소망은 기도를 시작했고, 그들의 기도는 동이 트기 전까지 계속됐다. 날이 밝아 오려던 차에 크리스천이 갑자기 흥분한 얼굴로 벌떡 일어났다.*

크리스천이 기도하다가 무엇인가를 깨달은 것입니다.

"이런 바보가 다 있나! 언제라도 도망칠 수 있는데 이 악취 나는 지하 감옥에 앉아 있었다니! 내 품에 약속(Promise)이라고 하는 열쇠가 있습니다. 이 열쇠만 있으면 의심의 성 어떤 문도 열 수 있어요."**

크리스천은 늘 가슴속에 품고 다니던 열쇠가 있다는 것을 깨닫게 됩니다. 이미 주신 열쇠가 있다는 것을 그제야 깨닫게 된 것입니다. 이 약속의 열쇠로 되겠나 싶은 생각이 들었지만, 지하 감옥의 문에 넣고 돌리자 간단히 빗장이 풀렸습니다. 이렇게 지하 감옥을 빠져나왔지만, 감옥 바깥문을 열어야 합니다. 그런데 다시 열쇠를 넣고 돌렸을 때, 이번에도 문은 쉽게 열렸습니다. 철문에 도착해서도 마찬가지였습니다. 약속의 열쇠로 결국 모든 문이 열렸습니다. 토요일 밤에 시작한 그들의 기도는 주일 새벽까지 계속

***　　존 번연, 《천로역정》, p. 213.

되었고, 그리고 마침내 부활의 아침을 맞이하게 된 것입니다.

당신의 삶에도 부활의 아침이 필요합니까? 절망의 감옥에서 나오는 부활이 필요합니까? 사방에서 초나라 노래가 들려오는 사면초가의 상황이고, '이젠 정말 끝이구나'라는 생각에 아직도 절망의 감옥에 갇혀 있습니까? 이 감옥에서 나올 수 있는 방법은 기도인 것을 믿으십시오. 더불어 주변에 절망에 갇혀 있는 가족이나 성도가 있다면, 베드로를 위해 교회가 기도했던 것처럼, 감옥에 있는 남편을 위해 존 번연의 아내가 중보했던 것처럼 기도할 때 부활의 아침을 맞이하게 될 것입니다. 부활의 첫 열매 되신 주님이 베드로에게서 쇠사슬이 벗겨지고 절망의 감옥 문이 열려 부활의 아침을 맞도록 해 주신 것처럼, 우리에게도 그런 부활의 아침을 허락해 주실 것입니다.

절망의 감옥에서 벗어날 수 있는
유일한 방법은 기도뿐입니다.

1. [OX 퀴즈] 절망의 감옥에 갇히게 될 몸은 지켜야 하지만 마음은 지키지 않아도 된다.

2. "정말 답답하기 그지없는 사람들이더군. 나는 안전하고 편안한 환경에서 신앙생활을 하는 것이 합당하다고 생각하네." 이것은 누가 한 말인가?

   ① 사심   ② 돈사랑   ③ 구두쇠   ④ 세상집착

3. 자살까지 생각했던 절망의 감옥에서 순례자 크리스천과 소망은 자신들이 (   )를 잊고 있었다는 사실을 발견하게 된다. 빈칸에 들어갈 말은 무엇인가?

   ① 첫사랑   ② 비자금   ③ 식사   ④ 기도

4. 약속의 열쇠는 어떻게 할 때 이루어지게 되는가?

5. 신실은 죽음으로 진리를 증명해 보였고, 그의 육신이 불탄 잿더미 속에서 크리스천과 순례의 길을 함께할 새로운 길동무가 탄생했다. 누구인가?

   ① 믿음   ② 소망   ③ 사랑   ④ 긍정

1. X 2. ① 3. ④ 4. 순종 5. ②

1. 당신이 만난 절망은 무엇이며 당신의 마음은 어떠했습니까? 절망의 순간
   에 우리는 어떻게 해야 합니까?

2. 마음을 지키는 방법은 무엇입니까(행 12:5-6)? 하나님의 평안이 임하는 시
   점을 살펴봅시다(빌 4:6-7). 절망 가운데 기도로 마음을 지켜 평강을 경험
   한 적이 있다면 함께 나누어 봅시다.

3. 당신의 삶에서 절망의 감옥에서 벗어나 부활이 필요한 부분은 어디입니
   까? 또한 당신 주변에 절망의 감옥에서 나올 수 있도록 중보가 필요한 사
   람은 누구인지 살펴봅시다.

4. 합심 기도의 역사에 대해 살펴봅시다(행 12:5). 기도는 언제 역사를 일으킵
   니까(행 12:9-10)? 당신의 마음에는 어떤 약속의 열쇠인 하나님의 말씀이
   있는지 나누어 봅시다.

5. 기도는 사면초가를 뚫고 나오게 합니다. 기도는 우리를 평강으로 인도하
   고 실질적인 역사를 일으킵니다. 약속의 말씀에 순종함으로 부활이 당신
   의 삶에 펼쳐지기를 바랍니다.

¹ 모든 세리와 죄인들이 말씀을 들으러 가까이 나아오니 ² 바리새인과 서기관들이 수군거려 이르되 이 사람이 죄인을 영접하고 음식을 같이 먹는다 하더라 ³ 예수께서 그들에게 이 비유로 이르시되 ⁴ 너희 중에 어떤 사람이 양 백 마리가 있는데 그중의 하나를 잃으면 아흔아홉 마리를 들에 두고 그 잃은 것을 찾아내기까지 찾아다니지 아니하겠느냐 ⁵ 또 찾아낸즉 즐거워 어깨에 메고 ⁶ 집에 와서 그 벗과 이웃을 불러 모으고 말하되 나와 함께 즐기자 나의 잃은 양을 찾아내었노라 하리라 ⁷ 내가 너희에게 이르노니 이와 같이 죄인 한 사람이 회개하면 하늘에서는 회개할 것 없는 의인 아흔아홉으로 말미암아 기뻐하는 것보다 더하리라 눅 15:1-7

Who Cares?

지금도 우리는 격변의 시대를 살고 있지만, 지난 20세기는 정말 인류가 감당하기 어려운 격변의 시대였다고 할 수 있을 것입니다. 우리가 잊고 있어서 그렇지, 제1차 세계대전과 제2차 세계대전 등, 과거의 인류가 한 번도 경험해 보지 못한 대규모의 전쟁을 여러 차례나 치렀습니다. 여기에 한반도도 예외는 아니었습니다. 그러면서 인간 존재에 대해, 인간 실존에 대해 그리고 인간의 삶에 대해 심각하게 고민하게 되었습니다.

'도대체 인간이란 무엇인가?'

이후 이 질문에 아주 도발적인 대답을 하는 소설이 출판됩니다. 이 소설은 끝까지 안 읽었어도 첫 문장은 다 들어 봤을 정도로 첫 문장이 유명한 작품입니다.

오늘, 엄마가 죽었다. 아니 어쩌면 어제, 모르겠다.[*]

　이 작품은 프랑스의 작가 알베르 카뮈(Albert Camus)가 1942년
에 발표한 소설, 《이방인》입니다. 이 작품이 그전이었다면 말도
안 되는 쓰레기라고 비난받았을 것입니다. 대충의 줄거리는 이렇
습니다. 작품 속의 주인공은 어느 날 어머니의 사망 전보를 받습
니다. 그런데 그는 별 느낌 없이 매우 무덤덤하게 장례를 치릅니
다. 어머니가 누워서 실컷 쉴 수 있으시겠구나 생각하니 오히려
기뻤다고 합니다. 그러고는 장례를 치른 같은 날 마리라는 이름
의 별로 사랑하지도 않는 여인과 섹스를 합니다. 그는 여인의 사
랑하느냐는 질문에 사랑은 잘 모르겠고 섹스는 하고 싶다고 말합
니다. 그 후 그는 건달 친구와 어울려 해변에서 놀다가 한 아랍인
을 죽이게 됩니다. 그는 재판 과정에서 살인의 동기를 대낮에 사
정없이 내리쬐는 태양에 눈이 가물거려서 그랬다고 말합니다. 아
무도 믿어 주지 않았지만, 적어도 자신에게는 진실이었습니다.

　카뮈는 부조리한 세상 속에서 살아가는 현대인의 의식 세계
를 절묘하게 그려 냈다고 해서 1957년에 이 책으로 노벨 문학상
을 받게 됩니다. 그는 순간의 자기 쾌락과 자기 편리 외에는 모든
일에 무감각해지고 무관심하게 되는 시대를 이 책을 통해 고발하
고 있습니다. 그래서 첫 시작이 "오늘, 엄마가 죽었다. 아니 어쩌
면 어제, 모르겠다"입니다. 그의 책 제목처럼 이방인의 출현을 예

----

[*]　알베르 카뮈, 《이방인》(문예출판사 역간), p. 10.

고했다고 할 수 있을 것입니다. 그런 그의 예언은 지금 현실이 되었습니다.

한 기관에서 미국의 청소년들이 제일 많이 쓰는 말이 무엇인지를 조사한 적이 있었습니다. 무엇이었을까요? 'Who cares?' (알 게 뭐야?)였습니다. 누구도 돌보지(care) 않고, 누가 무엇을 하든지 아무런 관심을 두지 않는 세상, 이것은 한국도 예외가 아닙니다. 그러나 우리에게는 우리를 돌보는 분이 계십니다. 그리고 《천로역정》의 크리스천도 그런 사람을 만납니다. 그는 누구일까요?

주님이 돌보신다

본문에는 그 당시에 누구나 천대하고 멸시해도 되던 사람들이 나옵니다. 바로 세리와 죄인입니다. 그런 그들에게도 영적인 갈급함은 있었습니다. 《천로역정》식으로 말하면 '구도자'의 마음을 가지고 있었던 것입니다. 그래서 주님 앞에 말씀을 들으러 나왔습니다. 그리고 주님은 그들을 내치지 않으셨습니다. 오히려 그들을 영접하고 함께 음식을 먹으며 말씀을 나누셨습니다.

기억하십시오. 주님은 아무도 돌보지 않는 시대에 아무도 돌보지 않는 이들까지도 돌보십니다. 그런데 이게 그 당시로서는 얼마나 충격적인 행동이었는지, 그 광경을 지켜보던 바리새인과 서기관들이 수군거리기 시작했습니다.

바리새인과 서기관들이 수군거려 이르되 이 사람이 죄인을 영접하고 음식을 같이 먹는다 하더라 _{눅 15:2}

죄인으로 낙인찍혀 있을지라도, 주님은 보좌 앞으로 나오는 이들, 말씀을 들으러 나오는 자들을 물리치지 않으십니다. 아니, 물리치는 정도가 아니라 오히려 영접해 주십니다. 우리가 믿는 주님이 바로 이런 분이시기에 우리는 용기를 내어 전도할 수 있는 것입니다.

개인에게 관심을 두고 돌보신다

그런데 주님이 그들을 어떻게 돌보십니까? 바리새인과 서기관들이 수군거리며 이상하게 생각하자 예수님은 비유로 설명해 주십니다. "너희 중에 어떤 사람이 양 백 마리가 있는데 그중의 하나를 잃으면 아흔아홉 마리를 들에 두고 그 잃은 것을 찾아내기까지 찾아다니지 아니하겠느냐"(눅 15:4)라고 하면서 목자와 양의 관계로 설명해 주십니다.

현시대를 설명할 때의 아이러니 중에 하나가, 오늘날은 극도의 개인주의 시대이면서도 오히려 개인을 상실하고 살아가는 시대라는 것입니다. 아이러니하지 않습니까? 다시 말하면, 우리 각 사람이 한 개인으로 인정받지 못한 채 살아가고 있다는 것입니다. 한 예로, 우리는 인간이 숫자로 처리되는 시대에 살고 있습니다. 이름으로 기억되는 것이 아니라 숫자로 기억됩니다. 휴대폰 번호로, 아파트 동 호수로, 자동차 번호로, 주민등록번호로 말입니다. 재미있는 것은, 그 숫자들의 나열이 '나'라는 것입니다. 혹시라도 숫자가 틀리면 내가 아니라고 하니 미치고 팔짝 뛸 노릇 아닙니까? 그러나 주님은 그런 숫자가 아니라, 이름으로 부르십니다. 우리 각 사람을 정확하게 찾아서 부르십니다.

이렇게 말할 수 있는 이유가 무엇입니까? 본문을 보십시오. 어떤 사람에게 양 백 마리가 있는데 하나를 잃으면 아흔아홉 마리를 들에 두고 잃은 것을 찾아내기까지 찾아다니지 않겠느냐고 말씀합니다. 그 어떤 사람이 누구입니까? 우리 주님이십니다. 그런데 더 중요한 것은, 그때 아무 양이나 찾아서 대체하는 것이 아니라, "그 잃은 것을 찾아내기까지 찾아다니지 아니하겠느냐"(눅 15:4)라고 말씀하십니다.

주님은 이것을 설교로만 말씀하신 것이 아니라, 행동으로 보여 주셨습니다. 예수님 당시 유대인들이 죄인들이 가득하다고 믿었던 땅이 있습니다. 그래서 그곳에 가기를 모두가 꺼렸습니다. 그곳이 어디입니까? 바로 사마리아입니다. 그런 그곳에 주님이 들어가셨습니다. 사마리아 수가성 우물가에서 한 여인을 찾기 위해 말입니다. 그런 주님이 어느 날 여리고로 가던 길에 돌무화과나무 위에 올라간 세리를 부르셨습니다. 그때 어떻게 부르셨습니까? "삭개오야 속히 내려오라"(눅 19:5)라고 이름을 불러 말씀하셨습니다. 죽은 나사로를 살리실 때도 마찬가지였습니다. "나사로야 나오라"(요 11:43) 하며 정확하게 이름을 부르셨습니다. 귀신 들린 여인을 고쳐 주실 때도 그냥 마리아가 아니었습니다. 그 당시 마리아는 서울역에서 김 서방을 찾는 것과 같았습니다. 워낙 흔한 이름이었습니다. 그래서 어떻게 부르셨습니까? '막달라 마리아'라고 정확한 이름을 불러 주셨습니다.

요한복음 1장 9절은 예수님께서 이 땅에 오신 모습을 이렇게 증언합니다.

참 빛 곧 세상에 와서 각 사람에게 비추는 빛이 있었나니

주님은 한 사람, 한 사람에게 관심을 두고 돌보는 분이십니다. 왜 그렇게 하실까요? 본문에서는 주님이 목자와 양의 관계로 설명하고 계시지만, 더 엄밀하게 따지면 그분이 우리의 아버지이시기 때문입니다. 그래서 정확하게 당신의 자녀의 이름을 불러서 돌보시는 것입니다. 우리 한 사람, 한 사람을 돌보시는 주님을 확신할 수 있기를 바랍니다.

끝까지 책임지고 돌보신다

본문 4절을 보십시오.

하나를 잃으면 아흔아홉 마리를 들에 두고 그 잃은 것을 찾아내기까지 찾아다니지 아니하겠느냐 눅 15:4b

'찾다'라는 단어가 두 번 반복되어 사용되었습니다. 이 말은 이 이야기를 하고 계신 분의 집념을 나타내는 것입니다. 찾지 않으면 안 되겠다는 것입니다. 왜 그렇습니까? 그 당시 목자와 양은 생명의 관계였습니다. 양은 스스로 아무것도 할 수 없습니다. 목자의 돌봄이 없이는 곧 죽을 수밖에 없습니다. 그래서 찾아내기까지 찾아다니는 것입니다.

여기서 오해의 소지가 있는 것이, 아흔아홉 마리를 들에 두고 잃은 양을 찾으러 간다고 하니 나머지 양들을 방치해 두는 것이 아닌가 하고 생각하는데, 아닙니다. 양들에게 한창 풀을 먹일 때는 들판 곳곳에 목자들만 아는 우리가 있었습니다. 그 우리에 양을 가두어 두고 길 잃은 한 마리 양을 찾아 나선다는 것입니다.

아마도 양을 잃은 이후 이 목자의 유일한 관심은 잃은 양을 찾는 일이었을 것입니다. 아침에도 찾고, 점심에도 찾고, 저녁에도 찾았을 것입니다. 밤에는 더욱더 열심히 찾았을 것입니다. 자식을 잃어버린 부모에게는 한 가지 관심밖에 없습니다. 잃은 자식을 찾는 것입니다. 먹는 시간에도, 일하는 시간에도, 자는 시간에도 그의 관심은 하나입니다. 이것이 바로 목자의 관심입니다. 그리고 이것이 바로 하나님의 관심입니다. 이런 목자 되신 주님 덕분에 우리가 찾아져서 각자의 자리에 있게 된 것입니다.

예수님의 유일한 미션은 우리 각 사람을 찾는 것입니다. 그래서 성경은 이렇게 말씀합니다.

인자가 온 것은 잃어버린 자를 찾아 구원하려 함이니라 눅 19:10

예수님은 물론 우리를 구원하기 위해 이 땅에 오셨습니다. 그러나 구원에 앞서서 잃어버린 자를 찾는 것부터가 시작입니다.

주님은 우리를 끝까지 책임지시는데, 어느 정도일까요? 드디어 목자가 양을 찾았습니다. 그래서 이야기가 거기서 끝났습니까? 아닙니다. 본문 5절에 보면 찾은 후 즐거워하며 그 양을 어깨에 메고 집으로 돌아옵니다. 그리고 잔치를 벌입니다.

또 찾아낸즉 즐거워 어깨에 메고 눅 15:5

그런데 목자가 돌아올 때 어떤 모습이었는지를 자세히 살펴보십시오. 우리말로 번역된 성경에는 찾아서 즐거워하는 느낌밖에 없습니다. 그런데 원문의 의미를 좀 더 잘 담아낸 영어 성경을 보면 어깨가 단수가 아니라 복수(shoulders, NIV)로 되어 있습니다. 무슨 뜻입니까? 목자가 잃은 양을 찾은 후 두 어깨에 양을 태우고 돌아온 것입니다. 목덜미에 양을 이고 양쪽 어깨 너머로 한 손에는 앞다리를, 다른 한 손에는 뒷다리를 잡고 돌아왔다는 것입니다. 왜 그랬을까요? 또 놓치지 않으려고, 끝까지 지키려고 그런 것입니다.

《천로역정》에도 보면 '기쁨 산맥'(Delectable Mountain)에 도달한 순례자들이 끝까지 완주할 수 있도록 하나님이 목자들을 준비해 놓으시는데, 그들의 이름은 '지식'(Knowledge), '경험'(Experience), '경계'(Watchful), '성실'(Sincere)입니다. 어떤 목자는 지식으로, 어떤 목자는 영적 경험으로, 또 어떤 목자는 경계로, 어떤 목자는 성실한 삶의 본을 보여 줌으로써 끝까지 순례의 길을 갈 수 있도록 하기 위해서입니다.

그런데 여기서 주목해 볼 것은, 목자들이 결코 좋은 말만 들려주지는 않았다는 사실입니다. 목자들은 순례자들을 '오류'(Error)라는 봉우리로 이끌었습니다. 신앙의 순례길에는 언제나 실족할 가능성이 있기에 그렇습니다. 다음에는 순례자들을 '조심'(Caution)이라는 봉우리로 인도했습니다. 조심하지 않으면 절망의 거인이 사는 의심의 성에 갇힐 수도 있다고 주의를 주기 위함이었습니다. 그러고는 순례자들을 불길이 타오르는 계곡으로 인도했습니다. 그곳에는 지옥으로 가는 지름길(샛길)이 있었습니다. 목자들이 순례자들을 마지막으로 인도한 곳은 '청명'(Clear)이라는 봉우리였습니다. 그들은 거기서 순례자들이 망원경으로 천성 문, 곧 새 예루살렘성, 다시 말하면 천성의 영광을 어렴풋하게나마 볼 수 있게 해 주었습니다. 하나님 나라의 마지막 영광에 초점을 맞추고 아직 남아 있는 순례의 여정을 지속할 수 있도록 말입니다.

사실 목자에 의해 찾아진 양의 입장에서는 목자가 자기를 꼼짝 못 하도록 어깨 위에 올린 후 네 다리를 꽉 잡고 있는 것이 답답했을 수도 있습니다. 우리도 마찬가지입니다. 신앙의 순례의 길을 가는 동안 여러 가지가 참 답답하게 느껴질 수 있습니다. 그러나 그렇게 해서라도 끝까지 순례의 길을 걷도록 하시는 것이 목자 되신 주님의 마음인 것을 기억하기 바랍니다.

목자되시는 주님이
우리를 끝까지 책임지고 돌보십니다.

1. 크리스천이 목자들을 만난 땅의 이름은 무엇인가?

　① 임마누엘의 땅　　② 몽골 땅　　③ 베들레헴의 땅　　④ 경산 땅

2. 네 목자의 이름이 아닌 것은 무엇인가?

　① 지식　　② 평강　　③ 경험　　④ 성실

3. "너희 중에 어떤 사람이 양 백 마리가 있는데 그중의 하나를 잃으면
　아흔아홉 마리를 들에 두고 그 (　　　　　　)을 찾아내기까지 찾아
　다니지 아니하겠느냐"(눅 15:4). 빈칸에 들어갈 말은 무엇인가?

　① 좋은 것　　② 값진 것　　③ 잃은 것　　④ 얻은 것

4. 목자들이 순례자들을 이끌고 간 두 봉우리의 이름은 무엇인가?

　① 대청봉, 소청봉　　② 의심, 절망　　③ 희망, 의지　　④ 오류, 조심

5. 목자들이 두 사람을 산 아래로 데려갔을 때, 산의 옆면으로 문이 하
　나 있었다. 문을 열고 안을 들여다보니 불길이 활활 타오르는 소리,
　고문을 당하는 자들의 비명 소리가 들려오고, 지독한 유황 냄새가
　코끝을 찔렀다. 이것은 어디로 가는 길인가?

1. ① 2. ② 3. ③ 4. ④ 5. 지옥

1. 서로에게 관심 없는 시대에 관심을 가지고 돌보시는 분은 누구입니까? 주님은 천대받던 세리와 죄인에게 어떻게 하셨습니까(눅 15:2)?

2. 주님께서 개인에게 관심을 두고 돌보시는 이유는 무엇인지 목자와 양의 관계를 통해 살펴봅시다(눅 15:4; 요 1:9). 개인적으로 찾아와 돌보시는 하나님을 경험한 적이 있다면 나누어 봅시다.

3. 주님께서 끝까지 책임지고 돌보시는 이유는 무엇입니까(눅 15:4, 19:10, 15:5[NIV])? 당신은 하나님의 유일한 관심이 당신이라는 것에 대해 인지하고 있습니까? 끝까지 돌보시는 하나님을 경험한 적이 있다면 나누어 봅시다.

4. 목자는 순례자들이 순례의 여정을 끝까지 완주하도록 돕는 역할을 합니다. 당신의 태신자, 특별히 다음 세대를 향한 당신의 역할은 무엇인지 나누어 봅시다.

5. 목자가 잃어버린 양을 찾아 집에 돌아와 감사의 잔치를 벌인 것처럼, 특별히 민족의 희망, 열방의 소망이 될 다음 세대를 살리는 일에 적극적으로 동참하여 기쁨의 열매 맺음이 있기를 바랍니다.

¹¹ 게바가 안디옥에 이르렀을 때에 책망받을 일이 있기로 내가 그를 대면하여 책망하였노라 ¹² 야고보에게서 온 어떤 이들이 이르기 전에 게바가 이방인과 함께 먹다가 그들이 오매 그가 할례자들을 두려워하여 떠나 물러가매 ¹³ 남은 유대인들도 그와 같이 외식하므로 바나바도 그들의 외식에 유혹되었느니라 ¹⁴ 그러므로 나는 그들이 복음의 진리를 따라 바르게 행하지 아니함을 보고 모든 자 앞에서 게바에게 이르되 네가 유대인으로서 이방인을 따르고 유대인답게 살지 아니하면서 어찌하여 억지로 이방인을 유대인답게 살게 하려느냐 하였노라 ¹⁵ 우리는 본래 유대인이요 이방 죄인이 아니로되 ¹⁶ 사람이 의롭게 되는 것은 율법의 행위로 말미암음이 아니요 오직 예수 그리스도를 믿음으로 말미암는 줄 알므로 우리도 그리스도 예수를 믿나니 이는 우리가 율법의 행위로써가 아니고 그리스도를 믿음으로써 의롭다 함을 얻으려 함이라 율법의 행위로써는 의롭다 함을 얻을 육체가 없느니라 ^{갈 2:11-16}

1O

경계해야 할
믿음의 도둑들

크리스천과 소망은 기쁨 산맥인 임마누엘의 땅을 떠나 '자만'(Conceit)이라는 마을에서 '무지'(Ignorance)라는 청년을 만납니다. 이 청년은 참 당당하고 매사에 자신만만합니다. 그는 자기 확신 가운데 믿음 생활을 하는 사람처럼 보였습니다. 그러나 무지의 믿음은 옳은 믿음입니까, 아니면 잘못된 믿음입니까? 잘못된 믿음입니다.

갈라디아교회에도 이런 부류의 사람이 많았습니다. 그래서 사도 바울은 안타까운 마음으로 이렇게 말합니다.

그리스도의 은혜로 너희를 부르신 이를 이같이 속히 떠나 다른 복음을 따르는 것을 내가 이상하게 여기노라 갈 1:6

바울도 이상하다고 말합니다. 생각해 보십시오. 다른 복음이라는 것이 있을 수 있습니까? 다양성이 있을 수 있습니까? 아닙니다. 다르면 잘못된 것입니다. 그렇다면 그들은 왜 그렇게 금세 잘못된 믿음으로 들어섰을까요?

잘못된 자기 확신을 경계하라

갈라디아교회 안에는 자기 확신으로 가득 찬 사람들이 있었습니다. 어떤 확신입니까? 사람이 의롭게 되는 것은 율법의 행위로 말미암는다는 확신이었습니다. 이런 확신을 가진 사람이 의외로 교회 안에 많이 있습니다.

《천로역정》의 무지도 보십시오. 자신도 천성을 향해, 다시 말해 새 예루살렘을 향해 간다고 합니다. 순례의 길에 동반자가 생긴 것이니 좋은 일이라 할 수 있습니다. 이에 크리스천이 천성 문에 도착하면 성문을 열고 들어가기 위해 말할 것이 있느냐고 묻자 이렇게 대답합니다.

무지 / 저는 하나님의 뜻을 잘 알고 나름대로 착하게 살아왔습니다. 빚도 지지 않았고, 기도와 금식, 헌금, 십일조도 게을리하지 않고 있어요. 게다가 천성에 가려고 고향까지 등지고 나왔으니 이것으로도 충분하지 않을까요?*

무지가 언급한 것은 다 참으로 귀한 것입니다. 그러나 문제는, 그것들이 성경이 가르치는 구원의 조건이냐는 것입니다. 무지는 그 이름처럼 성경이 말씀하는 가장 중요한 구원의 기본에 대해 무지했습니다. 성경이 말씀하는 구원의 길이 무엇인지 다시 한번 확인하십시오.

사람이 의롭게 되는 것은 율법의 행위로 말미암음이 아니요 오직 예수 그리스도를 믿음으로 말미암는 줄 알므로 우리도 그리스도 예수를 믿나니 갈 2:16a

율법의 행위입니까? 아닙니다. 오직 예수 그리스도를 믿음으로 말미암는다고 말씀합니다. 왜 그렇습니까? 이어지는 말씀을 보십시오.

이는 우리가 율법의 행위로써가 아니고 그리스도를 믿음으로써 의롭다 함을 얻으려 함이라 율법의 행위로써는 의롭다 함을 얻을 육체가 없느니라 갈 2:16b

구원은 의로우신 하나님 앞에서 의롭다 여김을 받는 것인데,

....
* 존 번연,《천로역정》, pp. 229-230.

율법의 행위로써는 의롭다 함을 얻을 육체가 없다고 말씀합니다.

그러면 무지는 왜 이토록 잘못된 자기 확신에 빠져 있었을까요? 이런 잘못된 믿음이 자라나는 토양이 있습니다. 바울도 갈라디아교회를 향해서 "어리석도다 갈라디아 사람들아 예수 그리스도께서 십자가에 못 박히신 것이 너희 눈앞에 밝히 보이거늘 누가 너희를 꾀더냐"(갈 3:1)라고 말했는데, 꼬임에 빠질 수밖에 없는 환경이 있습니다. 그게 무엇입니까? 우리는 무지가 태어나고 자란 동네에서 힌트를 얻을 수 있습니다. 그 동네의 이름은 '자만'입니다.

무지가 보고 들은 것이 그런 것들입니다. 그런 마을에서 태어나고 자란 것입니다. 복음적이지 않고 율법적인 것, 믿음 생활이 아니라 종교 생활을 하는 집안에서 자라난 것입니다. 무엇보다도 가장 핵심적인 말을 무지 스스로 입 밖으로 내뱉습니다. 기도와 금식, 헌금, 십일조도 게을리하지 않았다고 하면서 천성에 가려고 고향까지 등지고 나왔으니 이것으로 충분하지 않느냐고 묻습니다. 무엇입니까? 공로 의식입니다. 내가 이만큼 했으니 하나님도 이만큼 해 주시는 것이 당연하다는 생각입니다.

나중에 크리스천은 무지를 다시 만나게 됩니다. 하지만 다시 만났을 때도 "저는 하나님과 천성을 위해 모든 것을 버리기까지 했습니다"라고 말하면서 은근히 공로를 드러냅니다. 그러나 우리의 고백은 무엇이 되어야 합니까? 우리의 그 고백이 담긴 〈은혜〉라는 찬양이 있습니다. 최근에 이 찬양으로 우리가 참 많이 겸손해졌습니다.

> 내가 누려 왔던 모든 것들이
> 내가 지나왔던 모든 시간이
> 내가 걸어왔던 모든 순간이
> 당연한 것 아니라 은혜였소[*]

우리는 모든 것이 은혜임을 고백해야 합니다. 그러나 무지는 그 모든 것을 당연하게 여겼습니다. 이런 공로주의가 자양분이 되어서 바울도 깜짝 놀랄 만큼 교회가 다른 복음, 곧 잘못된 복음을 따라가게 된 것입니다. 우리는 자기 확신의 잘못된 신앙을 경계로 삼을 수 있어야 합니다.

크리스천이 다시 무지를 만났을 때, 이전에 자신이 율법주의자로 몰린 것이 억울했는지, 무지는 자신도 하나님을 믿는다고 말합니다. 자신도 그리스도를 믿음으로 의로워진다고 믿고 있다고 말합니다. 그러면서 자신의 믿음을 폄훼하지 말아 달라고 합니다. 하지만 더 깊은 대화 속에서 그는 무슨 말도 안 되는 소리를 하느냐며, 스스로 아무런 노력도 하지 않고 그리스도께서 해주신 일을 믿기만 하면 되느냐고 다시 또 되묻습니다. 아무리 예수를 믿어도 그리스도의 십자가 위에 신앙적인 의무를 다하는 자신의 노력이 더해져야 한다는 것입니다. 그때 하나님이 자신을

---

[*] 손경민 작사/작곡, 〈은혜〉

의롭게 해 주신다는 것입니다. 그런 면에 있어서 자신은 할 도리를 다했다는 것입니다.

이런 무지의 잘못된 신앙을 이동원 목사님은 아주 이해하기 쉽게 도식화해서 설명합니다.[*]

믿음＋행위＝구원

이것이 무지가 이해하고 믿고 있는 구원의 원리입니다. 하지만 정말 그렇습니까? 성경이 그렇게 말씀합니까? 성경이 말씀하는 구원은 이것입니다.

너희는 그 은혜에 의하여 믿음으로 말미암아 구원을 받았으니 이것은 너희에게서 난 것이 아니요 하나님의 선물이라 엡 2:8

그리고 이것은 이렇게 도식화해야 합니다.

은혜＋믿음＝구원

'믿음+행위'가 구원이 아닙니다. '은혜+믿음'이 구원입니다. 인간의 논리와 철학을 내려놓고 성경을 그대로 보십시오. 그런데 여기에서 그치지 않습니다. 그다음 절을 보십시오.

....
[*] 이동원, 《이동원 목사와 함께 걷는 천로역정》(두란노), pp. 288-289.

구원은 하나님의 선물이기에 '행위'를 빼야 한다고 말씀합니다. 그러면 구원의 도식은 이렇게 해야 완성됩니다.

은혜＋믿음－행위＝구원

그런데 행위를 빼야 한다고 하면 사람들이 아무렇게나 살아도 된다고 오해를 합니다. 이동원 목사님은 이에 대해서 이렇게 설명합니다. 수학에서 등호(=)를 중심으로 반대쪽으로 넘기면 부호가 달라집니다. 이것을 이항한다고 하는데, 이항하면 플러스(+)는 마이너스(-)가 되고, 마이너스(-)는 플러스(+)가 됩니다. 이것을 위의 도식에 적용해 보십시오. 행위를 반대편으로 넘기면 행위 앞에 있는 마이너스는 플러스로 바뀌게 됩니다.

은혜＋믿음＝구원＋행위

그러므로 행위가 구원의 조건은 아니지만, 은혜와 믿음으로 구원받은 사람에게는 반드시 뒤따르는 삶(행위)이 있다는 것입니다. 이것이 복음의 진리입니다. 젊은 청년 무지는 이것을 몰랐던 것입니다.

다음 장에 나오는 이야기지만, 무지도 한다면 하는 스타일이

기에 끝까지 천성 문 앞에 도착합니다. 그것도 쉬운 일은 아닙니다. 그러나 문제는, 천성 문이 그 앞에서 열리지 않았다는 것입니다. 있는 힘을 다해 성문을 두드리지만 꿈쩍하지 않습니다. 그때 문을 지키는 사람이 나와서 증표를 보여 달라고 합니다. 그 증표는 신분증명서입니다. 좁은 문을 통과하고 오직 예수님만을 구주와 주님으로 믿는 십자가 언덕을 통과한 자에게 허락된 믿음의 증명서입니다. 무지에게 이것이 있었을까요? 좁은 문을 통과하지 않은 그에게는 믿음의 증명서가 없었습니다.

기억하십시오. 우리는 헛된 자기 확신이 아니라 예수 그리스도를 믿는 믿음의 증명서를 준비해야 합니다.

작은 믿음도 경계하라

그런데 또 하나, 잘못된 자기 확신도 문제지만 작은 믿음도 문제입니다. 어쩌면 교회 안에 잘못된 자기 확신을 가진 사람보다 작은 믿음을 가진 사람이 더 많을 수 있습니다.

《천로역정》에 나오는 '작은 믿음'(Little-Faith)은 순례의 길에서 깜빡 잠이 들었다가 강도들에게 당하고 말았습니다. 말 그대로 만신창이가 되었습니다. 그 결과 그는 순례의 길을 걸어가지만 언제나 두려움에 어쩔 줄을 몰라 합니다.

본문에도 이런 작은 믿음이 존재합니다. 안타깝게도 베드로

작은 믿음 ⓒ 필그림하우스

입니다. 그가 안디옥에 있었을 때의 일입니다. 안디옥교회는 바나바와 바울이 개척하여 세운 교회입니다. 예루살렘교회가 유대인 선교의 중심지였다면, 안디옥교회는 이방인 선교의 중심지였습니다. 그런 안디옥교회에 베드로가 방문하여 이방인들과 식탁 교제를 나누던 중이었습니다. 베드로는 이제 이방인이 기피의 대상이 아니라 주님 안에서 함께 먹고 마셔도 되는 믿음의 형제자매라는 것을 알고 있었습니다. 문제는, 그때 예루살렘교회의 야고보가 안디옥교회에 어떤 이들을 보냈는데, 그들이 도착했을 때 베드로가 보인 반응입니다.

야고보에게서 온 어떤 이들이 이르기 전에 게바가 이방인과 함께 먹다가

그들이 오매 그가 할례자들을 두려워하여 떠나 물러가매 갈 2:12

베드로는 할례자, 다시 말하면 유대인들이 두려워서 이방인과 식탁을 나누던 자리를 속히 떠나 버렸습니다. 그런데 그것으로 끝나지 않고, 베드로의 행동을 본 남은 유대인들도 그렇게 해야 하는 줄 알고 헷갈리게 된 것입니다. 심지어는 바나바까지도 이 베드로의 이중성에 유혹될 정도였습니다.

남은 유대인들도 그와 같이 외식하므로 바나바도 그들의 외식에 유혹되었느니라 갈 2:13

왜 그렇게 행동했을까요? 아마 베드로에게는 예루살렘교회의 지도자들이나 성도들로부터 외면당할지도 모른다는 막연한 두려움이 있었던 것 같습니다. 아무리 복음으로 새로워졌다 하더라도 이방인에 대한 선입견이 있는데 자신이 오해받을지도 모른다는 두려움에 믿음이 수그러들어 버린 것입니다.

이것이 대사도 베드로에게 얼마나 웃긴 일이 되어 버렸는지, 사실 사도로서 보면 바울은 베드로에게 한참 후배입니다. 그런데 후배로부터 이런 책망을 받습니다.

그러므로 나는 그들이 복음의 진리를 따라 바르게 행하지 아니함을 보고 모든 자 앞에서 게바에게 이르되 네가 유대인으로서 이방인을 따르

고 유대인답게 살지 아니하면서 어찌하여 억지로 이방인을 유대인답게 살게 하려느냐 하였노라 갈 2:14

우리의 믿음이 수그러들면 우습게 되거나 조롱당할 수 있습니다. 아래 사진을 찍은 분도 작은 믿음을 이렇게 조롱했습니다. 무지의 손가락 위에 올려진 아주 가소로운 존재로 말입니다.

다시 한번 강조하고 싶습니다. 우리의 믿음을 위협하고, 겁주고, 두렵게 하는 것들 때문에 벌벌 떠는 작은 믿음이 되지 않기를 바랍니다. 한번 타협하고 흔들리면 계속 그렇게 될 가능성이 있습니다.

사실 베드로가 이런 두려움 때문에 믿음이 수그러든 것이 이번이 처음은 아닙니다. 풍랑이 이는 갈릴리 바다에서 예수님이

무지의 손가락에 올려진 것처럼 보이는 작은 믿음 ⓒ 필그림하우스

물 위를 걸어 밤새도록 고생한 제자들에게 다가오셨습니다. 주님이 "안심하라 나니 두려워하지 말라"(마 14:27)라고 말씀하셔도 다른 제자들은 묵묵부답이었습니다. 그러나 베드로는 "만일 주님이시거든 나를 명하사 물 위로 오라 하소서"(마 14:28) 하고 말했습니다. 이에 오라는 주님의 말씀에 물 위를 걸어서 주님께로 다가갔습니다. 여기까지는 좋았습니다. 그런데 잠시 후, 베드로는 바다에 불고 있는 바람을 보고는 무서워서 물속에 빠져 허우적거렸습니다. 그런 베드로를 건져 주면서 주님이 하셨던 말씀이 있습니다.

믿음이 작은 자여 왜 의심하였느냐 마 14:31

여기서 주목해 볼 것은, 주님이 베드로에게 '믿음이 없는 자'가 아니라 '믿음이 작은 자'라고 말씀하셨다는 사실입니다. 베드로는 믿음이 없는 사람이 아니었습니다. 아예 없었다면 주님께 청하여 물 위를 걷지도 않았을 것입니다.

《천로역정》의 작은 믿음도 많은 것을 빼앗겼지만, 가장 소중한 보물인 천국 문의 출입증은 빼앗기지 않았습니다. 그런데도 그는 자신에게 빼앗기지 않은 가장 소중한 보물이 있다는 것을 잊고 지냈습니다. 그러면서 만나는 사람들에게 어디서 누구에게 강도를 당해 무엇을 잃었는지, 얼마나 맞았는지, 또 어떻게 겨우 목숨만을 건져 달아났는지, 그것만을 하염없이 늘어놓았습니다.

혹시 당신도 누구도 빼앗을 수 없는 보물인 예수 그리스도, 당신의 영광스러운 구원을 잊어버린 채 세상의 실패와 좌절에 마음을 다 빼앗겨 버린 것은 아닙니까? 두려움에 떨고 있는 것은 아닙니까? 지금 작은 믿음은 무지 앞에서 비굴하게 굽실거리고 있습니다. 사실 무지는 믿음이 없는 자입니다. 그는 마지막 천성 문 앞에서 쫓겨난 자입니다. 그런 무지가, 그런 세상 사람들이 가소롭게 여기는 비굴하고도 안타까운 자리에 들지 않기를 바랍니다. 또한 작은 믿음도 경계로 삼을 수 있기를 바랍니다. 그래서 우리의 믿음을 도둑질하는 잘못된 자기 확신에도 빠지지 않고, 작은 믿음으로 인해 세상으로부터 조롱당하지도 않기를 바랍니다.

1. (   )가 잘못된 자기 확신에 빠져 있었던 이유는 잘못된 믿음이 자라나는 토양이 있었기 때문이다. 빈칸에 들어갈 말은 무엇인가?

    ① 은혜   ② 목자   ③ 무지   ④ 경계

2. 은혜+믿음=구원+(   ). 빈칸에 들어갈 말은 무엇인가?

    ① 진실   ② 행위   ③ 교만   ④ 지식

3. 순례의 길을 걸어갈 때 두려움 때문에 약해진 사람은 누구인가?

    ① 작은 경험   ② 작은 행위   ③ 작은 지식   ④ 작은 믿음

4. 무신론자가 하는 말이 아닌 것은 무엇인가?

    ① "무엇하러 이 힘든 길을 가려는지 원, 가 봐야 고생만 할 뿐이오."

    ② "당신들이 꿈꾸는 그런 곳은 이 세상에 정말 있는 것 같소."

    ③ "천성을 20년이나 찾아 헤맸지만 아무것도 발견하지 못했소."

    ④ "헛된 희망을 좇느라 버려야 했던 것들을 다시 즐길 거요."

1. ③ 2. ② 3. ④ 4. ②

1. 첫 번째로 경계해야 할 믿음의 도둑은 무엇입니까? 갈라디아교회 안에 있던 잘못된 자기 확신은 무엇입니까?

2. 잘못된 자기 확신에 빠지는 이유를 살펴봅시다(갈 3:1). 당신이 당연하게 여기는 것은 무엇인지, 어떤 공로 의식을 경계해야 하는지 생각해 봅시다.

3. 성경이 말씀하는 구원의 길은 무엇입니까(갈 2:16)? 말씀을 통해 구원의 원리를 살펴봅시다(엡 2:8-9). 은혜와 믿음, 구원과 행위의 관계를 도식화해 봅시다.

4. 두 번째로 경계해야 할 믿음의 도둑은 무엇입니까? 작은 믿음의 원인과 결과는 무엇입니까(갈 2:12-14; 마 14:31)?

5. 우리는 믿음을 도둑질하는 잘못된 자기 확신과 작은 믿음을 경계하고 올바른 신앙을 가져야 합니다. 더 나아가 구원의 확신에 감사하며 세상에서 당당하게 살아가기를 바랍니다.

¹형제들아 때와 시기에 관하여는 너희에게 쓸 것이 없음은 ²주의 날이 밤에 도둑같이 이를 줄을 너희 자신이 자세히 알기 때문이라 ³그들이 평안하다, 안전하다 할 그때에 임신한 여자에게 해산의 고통이 이름과 같이 멸망이 갑자기 그들에게 이르리니 결코 피하지 못하리라 ⁴형제들아 너희는 어둠에 있지 아니하매 그날이 도둑같이 너희에게 임하지 못하리니 ⁵너희는 다 빛의 아들이요 낮의 아들이라 우리가 밤이나 어둠에 속하지 아니하나니 ⁶그러므로 우리는 다른 이들과 같이 자지 말고 오직 깨어 정신을 차릴지라 ⁷자는 자들은 밤에 자고 취하는 자들은 밤에 취하되 ⁸우리는 낮에 속하였으니 정신을 차리고 믿음과 사랑의 호심경을 붙이고 구원의 소망의 투구를 쓰자 ⁹하나님이 우리를 세우심은 노하심에 이르게 하심이 아니요 오직 우리 주 예수 그리스도로 말미암아 구원을 받게 하심이라 ¹⁰예수께서 우리를 위하여 죽으사 우리로 하여금 깨어 있든지 자든지 자기와 함께 살게 하려 하셨느니라 ¹¹그러므로 피차 권면하고 서로 덕을 세우기를 너희가 하는 것같이 하라

살전 5:1-11

11

오직 깨어
정신을 차릴지라

얼마 전, 영국에서 한국으로 들어올 때 값싼 항공권을 찾다가 이 웃 나라인 네덜란드에서 인천으로 돌아오는 항공편을 발견하게 되었습니다. 그래서 하루쯤 들렀다가 네덜란드 암스테르담에서 출발하여 인천으로 돌아오는 귀국편을 준비했습니다.

그렇게 일정이 정해지니 기대감이 생겼습니다. 영국은 존 번 연의 나라이기도 하고, "기도하는 한 사람은 기도하지 않는 한 민 족보다 강하다"는 명언으로 유명한 장로교의 창시자인 존 녹스 (John Knox)도 영국 사람이고, 설교의 황태자인 스펄전도, 마틴 로 이드 존스(Martyn Lloyd Jones)도 다 영국을 대표하는 목회자이기 때 문입니다.

그런데 한편으로는 네덜란드도 영국 못지않게 한국 장로교에 크나큰 영향을 준 화란 개혁주의의 본산입니다. 18세기에서 20세기 초까지는 60퍼센트가 넘는 복음화율을 이루었고, 목사이자 신학자이면서 수상까지 지낸, 그래서 신앙을 현실 세계에 구현해 낸 아브라함 카이퍼(Abraham Kuyper)가 네덜란드 사람입니다. 그러니 기대감이 없을 수 있었겠습니까?

하지만 현장에 도착했을 때의 본 느낌은 완전히 달랐습니다. 공항에서 시내 한가운데로 오는 기차역에서 나오자마자 마리화나(대마초) 냄새가 코를 찔렀습니다. 네덜란드는 마리화나가 준합법입니다. 지하 경제 양성화로 세수를 확보한다는 미명 아래 마리화나는 비교적 중독성이 약한 마약이니 법의 테두리 안에서 안전하게 관리할 수 있다며 합법화를 추진했습니다. 그런데 지금은 막을 길이 없습니다. 네덜란드는 유럽에서 마약의 허브가 되어 버렸습니다. 들어오는 관광객의 절반 이상이 마리화나 관광객이라고 합니다. 심지어 시내 한가운데 마리화나 박물관이 있습니다. 그리고 각종 마리화나 초콜릿과 과자, 사탕을 파는 슈퍼마켓도 시내 한복판에 자리 잡고 있습니다. 왜 이렇게 되었을까요?

물론 우리나라도 더 이상 안전하지 않습니다. 그나마 깨어서 양심의 소리를 내는 곳이 교회인데, 교회도 점점 힘을 잃고 있습니다. 그럼에도 불구하고 우리는 어떻게 해야 합니까?

그러므로 우리는 다른 이들과 같이 자지 말고 오직 깨어 정신을 차릴지라 살전 5:6

성경은 오직 깨어 정신을 차려야 한다고 말씀합니다. 그러면 어떻게 정신을 차려야 할까요?

평안할 때 더욱 깨어 있어야 한다

그들이 평안하다, 안전하다 할 그때에 임신한 여자에게 해산의 고통이 이름과 같이 멸망이 갑자기 그들에게 이르리니 결코 피하지 못하리라
살전 5:3

평안하다, 안전하다 할 때 더 조심하라고 말씀합니다. 왜 그렇습니까? 잠들기에 딱 좋기 때문입니다.

본문의 배경이 되는 데살로니가교회는 사도 바울이 2차 전도 여행 당시 3주간 복음을 전하여 개척된 교회입니다. 박해자들 때문에 3주간 가르치고 어쩔 수 없이 성도들을 남겨둔 채 떠날 수밖에 없었습니다(행 17:1-2 참조).

우리 생각에는 겨우 3주 동안 복음의 진수를 제대로 배웠겠느냐는 의구심이 듭니다. 예수 그리스도의 초림부터 재림까지, 《천로역정》식으로 말하면 멸망의 도시를 떠나 천성까지 가는 긴 여정을 단 3주간 가르쳤다는 것인데, 그게 가능했을까요? 그러나 데살로니가 성도들은 달랐습니다. 이들이 얼마나 마음을 열고 집중해서 복음을 받아들였는지, 바울이 이렇게 칭찬합니다.

이러므로 우리가 하나님께 끊임없이 감사함은 너희가 우리에게 들은바 하나님의 말씀을 받을 때에 사람의 말로 받지 아니하고 하나님의 말씀으로 받음이니 진실로 그러하도다 살전 2:13

그들은 복음을 사람의 말로 받지 않고 하나님의 말씀으로 받았던 것입니다. 그래서 바울은 데살로니가전서를 시작하면서부터 데살로니가교회의 성도들을 이렇게 칭찬합니다.

그러므로 너희가 마게도냐와 아가야에 있는 모든 믿는 자의 본이 되었느니라 … 하나님을 향하는 너희 믿음의 소문이 각처에 퍼졌으므로 우리는 아무 말도 할 것이 없노라 살전 1:7-8

그들의 믿음의 소문이 각처에 퍼질 정도로 좋았다는 것입니다. 하지만 바울은 그때를 조심하라고 말합니다. 더 정확하게 말하면, 믿음 생활 잘하고 있다는 착각이 들 때, 그때 더욱 깨어 있어야 한다고 말합니다.

데살로니가 성도들은 말씀을 사람의 말로 받지 않고 하나님의 말씀으로 받았습니다. 믿음의 소문이 각처에 퍼지기도 했습니다. 그러면서 그들은 다시 오실 주님을 열렬히 사모했습니다. 그런데 그러던 중에 잘못된 종말론으로 미혹하는 자들이 찾아왔습니다. 그러자 흔들리기 시작했습니다.

신앙의 위기는 평화의 때에 찾아옵니다. 그런 예가 성경에 수

두룩합니다. 출애굽한 이스라엘 백성이 조그마한 아이성에서 대파된 것이 언제입니까? 철옹성과도 같은 여리고를 무너뜨리고 이제는 되었다 싶었을 때, 승승장구하던 중이었습니다. 하나님의 마음에 맞는 사람이었던 다윗이 밧세바를 취하고 충신 우리아를 죽이는 범죄로 무너지게 된 것은 언제입니까? 평화의 시기가 찾아왔을 때였습니다.

네덜란드를 비롯한 유럽 교회도 마찬가지입니다. 종교 개혁의 홍역도 지나가고, 제1차, 제2차 세계대전도 지나가고 이제는 어느 정도 안정되어 잘 나간다 싶을 때, 호황도 누리고, 나름 열심히 신앙생활도 하고, 그에 따른 하나님의 복도 받았다고 생각될 때 흔들리기 시작했습니다.

네덜란드는 마약과 함께 매춘도 합법인데, 소위 말하는 홍등가가 몰려 있는 곳이 있습니다. 옆의 사진에서 '암스테르담 구 교회' 주변은 예전에 교회로 가득했던 곳입니다. 지금은 이곳이 몽땅 다 홍등가가 되었습니다. 양상은 좀 다르지만, 우리 주변도 별반 다르지 않습니다. 얼마 전에 한 건물을 보았는데, 교회 종탑은 있지만 교회가 아니었습니다. 교회였던 건물에서 십

암스테르담 구 교회 ⓒ구글 지도

자가만 없애고 식당으로 바꿔 운영하고 있었습니다.

《천로역정》의 크리스천 일행도 마찬가지였습니다. 잘될 때 깨어 있어야 했습니다. 이들은 기쁨 산맥, 임마누엘의 땅을 지났습니다. 기쁨 산맥에는 아름다운 정원과 과수원과 맑은 샘이 넘쳤습니다. 그들은 거기서 충분히 쉬며 먹고 마셨습니다. 그런데 잠시 후, 크리스천 일행이 어떤 땅에 도착하자마자 잠들고픈 유혹에 빠집니다. 어떤 땅입니까? '마법의 땅'(Enchanted Ground)에 도착했을 때입니다. 그들은 그곳이 이상한 공기로 가득하다는 것을 느꼈지만, 잠들고픈 유혹을 뿌리치기가 어려웠습니다.

무엇인가 되었다 싶을 때, 잘된다는 생각이 들 때 잠들지 않고 더 깨어 있을 수 있기를 바랍니다. 저는 한 교회의 담임목사로서 성도들의 사업과 삶이 늘 형통하기를 바라고, 또 그렇게 기도합니다. 그런데 그러면서도 형통하면 그 영혼이 잠들 것 같은 불안한 성도가 있습니다. 사업이 잘되면 기도의 자리에서 보이지가 않습니다. 예배와 헌신과 충성이 우선순위에서 밀리는 것입니다.

그러면 어떻게 해야 깨어 있을 수 있을까요? 믿음의 공동체 안에 더 깊이 들어가는 것입니다. 특새 등 필요한 여러 모임에 적극적으로 동참하는 것입니다. 이제 이만하면 되었다며 잠들고 싶어 하는 자신을 억지로라도 끌어내어서 말입니다. 어떤 사람은 특새를 한다고 하면 새벽잠이 없거나 인생이 답답한 사람들만 참석하는 것으로 생각합니다. 아닙니다. 깨어 있기 위한 몸부림인 것입니다.

우리는 낮에 속하였으니 정신을 차리고 믿음과 사랑의 호심경을 붙이고 구원의 소망의 투구를 쓰자 살전 5:8

깨어 있으십시오. 그렇지 않으면 우리의 다음 세대가 어디에 있게 될지 모릅니다. 그렇지 않으면 한국 교회가 유럽 교회처럼 몰락할 수도 있습니다. 그러면 교회만 몰락하는 것이 아니라, 사회 전체가 음란과 타락으로 물들게 될 것입니다.

피차 권면해야 한다

그러므로 피차 권면하고 서로 덕을 세우기를 너희가 하는 것같이 하라 살전 5:11

이것은 혼자 할 수 있는 일이 아닙니다. 피차, 서로 함께해야 합니다.

크리스천과 소망이 마법의 땅에 홀린 듯 잠에 빠져들어 가려고 할 때였습니다. 특별히 소망이 너무 졸려서 눈을 뜨고 있을 수 없다고, 아무래도 여기 누워서 한숨 자고 가야겠다고 하면서 수고한 사람에게 잠은 더없이 달콤한 휴식이라고, 낮잠을 한숨 푹 자고 나면 피로가 확 풀릴 것이라고 말하며 잠들어 갈 때 누가 깨웠습니까? 옆에 있던 크리스천입니다. 그는 안 된다고, 여기서 잠들었다가는 다시 깨어나지 못할 거라고, 마법의 땅을 조심하라는 목자의 말을 벌써 잊은 거냐고 물으며 소망을 깨웁니다. 만일 소망이 혼자 있었다면 마법의 땅에서 어떻게 되었을지 모를 일입니다.

크리스천이 깨우자 그제야 정신을 차린 소망은 전도서의 말씀을 인용하면서 고백합니다.

두 사람이 한 사람보다 나음은 그들이 수고함으로 좋은 상을 얻을 것임이라 혹시 그들이 넘어지면 하나가 그 동무를 붙들어 일으키려니와 홀로 있어 넘어지고 붙들어 일으킬 자가 없는 자에게는 화가 있으리라 전 4:9-10

사실 마법의 땅에서 깨어 있으면서 잠들려고 했던 소망을 깨운 크리스천도 그전에 혼자 있다가 당한 것이 있었습니다. 십자가 언덕을 지나 산을 오르다가 산 중턱에서 정자를 하나 발견한 그는 잠시 쉬어 가야겠다고 생각하면서 십자가 언덕에서 누렸던 은혜를 묵상했습니다. 또 천사로부터 받아 품 안에 두었던 천성의 통행권, 두루마리를 꺼내어 읽어 보기도 하면서 쉬었습니다. 그러다 그만 잠들어 버렸습니다. 한참 동안 깊이 잠들어 버렸습니다.

깨어 일어나 보니 너무 시간을 지체하고 말았습니다. 그래서 허둥지둥 순례의 길을 재촉했습니다. 그런데 한참을 가던 중에 빠뜨린 것이 있다는 것을 알게 되었습니다. 그는 손에 쥐고 있던 무언가를 떨어뜨리고 말았습니다. 그런 줄도 모르고 서둘러 길을 가다가 가슴을 더듬어 보니 두루마리가 없는 것입니다. 그는 그

잠든 크리스천과 그 옆에 떨어뜨린 두루마리 ⓒ 필그림하우스

먼 길을 다시 돌아와야 했습니다.

크리스천이 왜 이렇게 되었을까요? 혼자 있었기 때문입니다. 그러므로 서로 깨워야 합니다.

바울이 데살로니가교회 성도들에게 깨어 있기를 촉구하면서 내놓은 방법은 대단한 비법이 아니었습니다. 다 같은 이야기입니다.

형제 사랑에 관하여는 너희에게 쓸 것이 없음은 너희들 자신이 하나님의 가르치심을 받아 서로 사랑함이라 살전 4:9

그러므로 이러한 말로 서로 위로하라 살전 4:18

그러므로 피차 권면하고 서로 덕을 세우기를 너희가 하는 것같이 하라
살전 5:11

왜 서로 사랑하고 피차 권면해야 하는가 하면, 마법의 땅에 들어서면 어떻게 될지 모르기 때문입니다. 이 세상은 이미 마법의 땅입니다. 언제 어떻게 될지 알 수 없습니다. 그래서 이렇게 권면합니다.

또 형제들아 너희를 권면하노니 게으른 자들을 권계하며 마음이 약한 자들을 격려하고 힘이 없는 자들을 붙들어 주며 모든 사람에게 오래 참으라 살전 5:14

'권계'란 권하여 경계로 삼는 것입니다. 그러면서 마음이 약한 자들을 격려하고 붙들어 주라고 말합니다. 이 일은 피차 권면해야 합니다. 서로 붙잡아 주어야 합니다. 무엇보다 다음 세대, 우리 자녀를 위해서라도 정신을 차리고 깨어 있을 수 있기를 바랍니다. 그렇게 행하는 그리스도인이 되기를 바랍니다.

아무 문제도 없는 것 같은 그때가 더욱 깨어 있어야 할 때입니다. 세상의 마법이 어떻게 가정과 자녀들에게 스며들지 모릅니다. 아이들이 세상 냄새에 민감해지기 전에 기도 냄새를 맡고 자랄 수 있도록 양육하기를 바랍니다. 예배가 귀하고 기도가 살길이라는 것을 어릴 때부터 가르칠 수 있기를 바랍니다.

1. "그러므로 우리는 다른 이들과 같이 자지 말고 오직 깨어

(   )을 차릴지라"(살전 5:6). 빈칸에 들어갈 말은 무엇인가?

2. 크리스천 일행이 기쁨 산맥, 임마누엘의 땅을 지난 후 유혹에 빠졌던 땅은 어디인가?

① 소금의 땅   ② 비옥한 땅   ③ 척박한 땅   ④ 마법의 땅

3. 소망이 잠들려고 할 때, 그를 깨운 사람은 누구인가?

① 신실   ② 크리스천   ③ 천사   ④ 아볼루온

4. 무지의 신앙 고백에 관해 크리스천이 답한 내용이 아닌 것은 무엇인가?

무지/ 저는 지금 그리스도께서 죄인들을 위해 돌아가셨고, 그분이 율법에 순종하는 제 모습을 은혜롭게 여기셔서 저를 저주에서 구해 내어 하나님 앞에서 의롭게 해 주실 줄 믿습니다. 그러니까 그리스도의 공로 덕분에 하나님께서 제 모든 종교적인 행동들을 받아 주시고, 저를 의롭게 여겨 주시는 것이지요.*

① "자네의 믿음은 어디에서도 볼 수 없는 가공의 믿음이야."

② "자네의 믿음은 그릇된 믿음이야."

③ "자네의 믿음은 확신에 찬 진실된 믿음이야."

④ "자네의 믿음은 기만적인 믿음이야."

---

* 존 번연, 《천로역정》, p. 268.

1. 정신 2. ④ 3. ② 4. ③

1. 당신에게는 믿음을 지키기 어렵게 하는 주변의 위기 상황에 대한 인식과 경계가 있습니까? 데살로니가 성도들이 '평안하고 안전하다'고 느낀 근거는 무엇입니까(살전 5:3, 2:13, 1:7-8)?

2. 형통한 가운데 신앙의 위기가 찾아온 예를 성경에서 찾아봅시다. 당신에게도 그런 경험이 있다면 그 위기를 어떻게 극복했는지 나누어 봅시다.

3. 서로 붙잡아 주며 피차 권면해야 하는 이유는 무엇입니까(살전 5:11; 전 4:9-10)? 바울이 데살로니가교회 성도들에게 제시한 깨어 있음의 방법은 무엇인지 살펴봅시다(살전 4:9, 18, 5:11, 14).

4. 이번 주 새벽 기도회에 참여할 마음이 있습니까? 함께 참여할 것을 권면할 사람이 있다면 누구인지 나누어 봅시다.

5. 우리는 평안할 때 더욱 깨어 있어야 합니다. 또한 피차 권면할 수 있어야 합니다. 특별히 자녀들이 세상 냄새에 민감해지기 전에 새벽 기도회를 통해 기도와 예배를 가르칠 수 있기를 바랍니다.

¹ 또 내가 새 하늘과 새 땅을 보니 처음 하늘과 처음 땅이 없어졌고 바다도 다시 있지 않더라 ² 또 내가 보매 거룩한 성 새 예루살렘이 하나님께로부터 하늘에서 내려오니 그 준비한 것이 신부가 남편을 위하여 단장한 것 같더라 ³ 내가 들으니 보좌에서 큰 음성이 나서 이르되 보라 하나님의 장막이 사람들과 함께 있으매 하나님이 그들과 함께 계시리니 그들은 하나님의 백성이 되고 하나님은 친히 그들과 함께 계셔서 ⁴ 모든 눈물을 그 눈에서 닦아 주시니 다시는 사망이 없고 애통하는 것이나 곡하는 것이나 아픈 것이 다시 있지 아니하리니 처음 것들이 다 지나갔음이러라 ⁵ 보좌에 앉으신 이가 이르시되 보라 내가 만물을 새롭게 하노라 하시고 또 이르시되 이 말은 신실하고 참되니 기록하라 하시고 ⁶ 또 내게 말씀하시되 이루었도다 나는 알파와 오메가요 처음과 마지막이라 내가 생명수 샘물을 목마른 자에게 값없이 주리니 ⁷ 이기는 자는 이것들을 상속으로 받으리라 나는 그의 하나님이 되고 그는 내 아들이 되리라 ⁸ 그러나 두려워하는 자들과 믿지 아니하는 자들과 흉악한 자들과 살인자들과 음행하는 자들과 점술가들과 우상 숭배자들과 거짓말하는 모든 자들은 불과 유황으로 타는 못에 던져지리니 이것이 둘째 사망이라 계 21:1-8

12

죽음의 강을 건너
천성으로

크리스천과 소망은 드디어 사망의 음침한 골짜기에서 한참 벗어
난 곳, 절망의 거인이 얼씬도 할 수 없는 곳, 의심의 성은 아예 보
이지도 않는 곳, 바로 천성이 눈앞에 보이는 곳에 도착했습니다.
공기마저도 더없이 맑고 상쾌하고 싱그러운 곳이었습니다. 게다
가 이 두 순례자에게는 '빛나는 두 천사'가 찾아와 동행이 되어
주었습니다. 얼마나 기쁘고 감격스러웠을까요?

　그런데 문제가 생겼습니다. 천성 문 앞으로 들어가는 길을 가
로막고 흐르는 강이 있었기 때문입니다. 강이 워낙 수심도 깊어
보이고 위협적이어서 크리스천은 동행이 되어 주었던 빛나는 두
천사에게 다른 길은 없는지를 물었습니다. 피하고 싶었던 것입니
다. 하지만 그들의 대답은, '있기는 한데, 에녹과 엘리야를 제외

하고는 그 길로 가는 것이 허락된 사람은 없다, 반드시 건너야 한다'는 것이었습니다.

에녹과 엘리야는 죽음을 보지 않고 하늘로 올려진 대표적인 성경 인물입니다. 그렇다면 이들을 제외하고는 피할 수 없이 반드시 건너야 할 강인 것입니다. 그 강의 이름이 무엇입니까? 바로 '죽음의 강'입니다.

미국의 유명한 코미디언인 자니 카슨(Johnny Carson)이 이런 말을 했습니다.

"우리가 살고 있는 이 시대는 참으로 불확실한 세상인데, 확실한 것 두 가지가 있다. 하나는 세금을 내야 한다는 것과 또 하나는 죽어야 한다는 것이다!"

정말 기가 막히게 확실합니다. 죽음의 확률이 얼마나 확실합니까? 100퍼센트입니다. 생각해 보십시오. 이 세상에 100퍼센트인 것은 많지 않습니다. 그러나 죽음의 확률은 100퍼센트입니다. 그래서 성경도 "한 번 죽는 것은 사람에게 정해진 것이요 그 후에는 심판이 있으리니"(히 9:27)라고 말씀합니다. 죽는 것은 사람에게 정해진 것이라는 말씀입니다. 그러므로 죽음은 피할 수 없습니다.

그런데 더 중요한 것이 있습니다. 피할 수 없는 죽음보다 더 중요한 것은, 죽음 너머의 세상에 대한 준비가 되어 있느냐는 것입니다.

소망으로 건너는 죽음의 강

요한계시록은 사도 요한이 밧모섬에서 유배 중에 성령의 감동으로 기록한 소위 계시의 내용입니다. 특별히 소아시아의 일곱 교회인 에베소, 서머나, 버가모, 두아디라, 사데, 빌라델비아, 라오디게아교회를 위한 계시입니다.

하나님은 왜 소아시아의 일곱 교회에 이런 특별한 계시를 전하셨을까요? 당시 소아시아의 일곱 교회는 로마의 도미티아누스(Titus Flavius Domitianus) 황제로부터 극심한 박해를 받고 있었습니다. 특히 그는 '황제 예배'를 강요하며 로마 곳곳에 황제를 위한 신전을 건립했습니다. 심지어 예루살렘 성전 안에도 자기의 신상을 세우도록 강요했습니다. 이제 사람들은 황제를 자신들의 '주와 신'으로 숭배할 수밖에 없게 되었습니다. 이를 거역하면 재산이 몰수되었고, 반역자로 취급되어 사형에 처해졌습니다.

그러다 보니 당시 소아시아의 일곱 교회는 말로 다 할 수 없는 박해에 직면하게 되었습니다. 믿음을 지키기가 쉽지 않았습니다. 정말로 많은 성도가 두려움 속에서 죽음의 강을 건너야 할 위기에 놓여 있었습니다. 죽음이 바로 코앞에 와 있는 상황이었습니다. 이런 이들을 하나님은 천성에 대한 소망으로 격려하셨습니다.

또 내가 새 하늘과 새 땅을 보니 처음 하늘과 처음 땅이 없어졌고 바다도 다시 있지 않더라 계 21:1

'새 하늘과 새 땅'입니다. 이것은 기존의 것과는 전혀 다른, 완전히 새로운 나라라는 의미입니다. 그래서 새 예루살렘이라고 합니다.

또 내가 보매 거룩한 성 새 예루살렘이 하나님께로부터 하늘에서 내려오니 그 준비한 것이 신부가 남편을 위하여 단장한 것 같더라 계 21:2

성경은 천국에 대해 구구절절 설명하지 않습니다. 우리의 언어적 한계로 인해 다 설명할 수도 없고, 다 묘사할 수도 없기 때문입니다. 그러나 '신부가 남편을 위하여 단장한 것 같더라'라는 표현처럼 금방 이해할 수 있도록 설명합니다.

왜 소망이 중요한가 하면, 제2차 세계대전 때 연합군 포로수용소에서 일하던 군의관들이 새롭게 발견한 질병이 있었습니다. 이름하여 '가시철망 병'(Barbed Wire Sickness)입니다. 이 병에 걸리면 극도의 우울증에 시달립니다. 식욕도 없고, 먹어도 살이 찌지 않습니다. 나중에는 쇠약해져서 누워 있기만 합니다. 이 병은 원인도 잘 밝혀지지 않았고, 당연히 치료법도 알려지지 않았습니다. 나중에 자료를 보니, 그때 같은 수용소 안에 있었지만 가시철망만 보고 탄식하는 대신에 고개를 들어 푸른 하늘을 바라보고 고향을 그리며 희망을 가진 사람은 그 병에 걸리지 않았다고 합니다. 이 병은 일종의 절망 병이었던 것입니다.

혹시 당신도 가시철망 병처럼 무엇엔가 사로잡혀서 희망을 잃고 절망 가운데 살아가고 있지는 않습니까? 당신을 에워싸고 있는 인생의 조건들, 상황들, 문제들 속에 갇혀서 절망 병을 앓고 있지는 않습니까? 성경은 새 하늘과 새 땅을 바라보라고 권면합니다. 우리를 에워싸고 있는 가시철망들 너머에 있는 새 하늘과 새 땅을 바라보라고 합니다. 눈을 크게 뜨십시오. 그래서 장차 다가올 새 하늘과 새 땅을 소망할 수 있기를 바랍니다.

그런데 죽음의 강 너머의 천성은 어떤 곳이기에 소망을 갖고 사모해야 할까요? 첫째는, 고통이 없는 곳입니다.

모든 눈물을 그 눈에서 닦아 주시니 다시는 사망이 없고 애통하는 것이나 곡하는 것이나 아픈 것이 다시 있지 아니하리니 처음 것들이 다 지나갔음이러라 계 21:4

다시 저주가 없으며 하나님과 그 어린양의 보좌가 그 가운데에 있으리니 계 22:3

둘째는, 영생 복락을 누리는 곳입니다.

또 내게 말씀하시되 이루었도다 나는 알파와 오메가요 처음과 마지막이라 내가 생명수 샘물을 목마른 자에게 값없이 주리니 계 21:6

또 그가 수정같이 맑은 생명수의 강을 내게 보이니 하나님과 및 어린양

의 보좌로부터 나와서 길 가운데로 흐르더라 강 좌우에 생명나무가 있어 열두 가지 열매를 맺되 달마다 그 열매를 맺고 계 22:1-2

천성에서 누리는 영생 복락의 절대 기쁨, 절대 만족을 표현해 놓은 말씀입니다.

이런 이야기가 있습니다. 옛날에 어느 광부가 금광에서 노다지를 캐서 큰 부자가 되었습니다. 그러던 어느 날 그가 꿈을 꾸었는데, 꿈속에서 죽은 것입니다. 그는 금덩어리가 든 자루를 가지고 천국 문 앞에 이르렀습니다. 그가 도착하자 천사가 그에게 물었습니다.

"왜 아스팔트를 들고 다닙니까?"

"이것은 아스팔트가 아니고 황금입니다."

그러자 천사는 웃으면서 이렇게 대답했습니다.

"지상에서는 그것을 황금이라고 부르겠지만, 여기 천국에서는 그것을 길을 포장하는 데 씁니다."

이 정도면 천국에 대한 소망이 되지 않습니까? 그러나 무엇보다 가장 소중한 것은, 천국에서는 늘 하나님과 함께한다는 사실입니다. 물론 이 세상에서도 하나님을 만나고, 느끼고, 하나님과 영적으로 교제하며 살아갑니다. 그러나 천국에서는 전혀 다른 차원입니다.

보라 하나님의 장막이 사람들과 함께 있으매 하나님이 그들과 함께 계

시리니 그들은 하나님의 백성이 되고 하나님은 친히 그들과 함께 계셔서

계 21:3

그렇기에 죽음의 강 건너를 바라고 소망하는 것입니다.

새찬송가 238장에 〈해 지는 저편〉이라는 찬송이 있습니다. 우리에게는 익숙하지 않은데, 작사는 목사인 버질 브록(Virgil T. Brock)이, 작곡은 그의 아내인 블랑슈 커 브록(Blanche Kerr Brock)이 해서 함께 만든 찬송입니다. '노래하는 브록 부부'로 불린 이들은 찬송 인도자요, 부흥사로도 널리 알려졌습니다.

이 부부가 1936년 여름, 인디애나주 위노나레이크에 있는 지인의 집을 방문했을 때의 일입니다. 집이 호수 동쪽에 위치하고 있었기에 호수 저편으로 보이는 서쪽 노을이 너무도 아름다웠습니다. 부부가 그 광경에 감탄하고 있을 때, 곁에 있던 맹인 친구가 이렇게 말했습니다.

"이처럼 아름다운 노을은 본 적이 없군요. 세상 어디서도 볼 수 없는 아름다운 석양입니다."

이에 부부가 물었습니다.

"당신은 모든 것을 보는 것처럼 말하고 있군요!"

그러자 그는 이렇게 말했습니다.

"나는 다른 눈을 통해서 본답니다. 나는 비록 맹인이지만, 해 지는 저편까지도 볼 수 있지요!"

부부는 이 말에 충격을 받았습니다. 자기들은 해가 지는 것만을 보고 있는데, 맹인이었던 친구는 해가 지는 저편까지도 보고 있었기 때문입니다. 그래서 영감을 얻어 쓴 곡이 〈해 지는 저편〉입니다.

해 지는 저편 새 하늘에는 우리 주 예수 계시오니
고난은 가고 찬란한 새벽 영광의 날이 밝으리라

해 지는 이편만 볼 것이 아니라, 해 지는 저편도 바라볼 수 있기를 바랍니다. 해 지는 이편의 눈물만 생각할 것이 아니라, 해 지는 저편에 우리 주님께서 예비해 놓으신 새 예루살렘을 꿈꿀 수 있기를 바랍니다. 그래서 죽음의 강은 소망 가운데 건너는 강인 것입니다.

《천로역정》에서도 크리스천이 죽음의 강에서 침몰할 위기에 놓였을 때 동행하던 소망이 말 그대로 소망을 가지라고 격려합니다. 그러자 크리스천이 갑자기 용기를 얻어 외칩니다.

네가 물 가운데로 지날 때에 내가 너와 함께할 것이라 강을 건널 때에 물이 너를 침몰하지 못할 것이며 사 43:2

믿음으로 건너는 죽음의 강

하지만 죽음의 강을 건넜다고 다 되는 것은 아닙니다. 죽음의 강을 건넌 크리스천과 소망이 천성 문에 점점 가까워지자, 천성 시민들이 그들을 맞으러 나왔습니다. 그들은 하늘이 떠나갈 듯 크고 힘찬 함성으로 "어린양의 혼인 잔치에 청함을 받은 자들은 복이 있도다"(계 19:9)라고 외쳤습니다. 우렁찬 함성과 나팔소리에 마치 천성 전체가 두 사람을 맞이하는 것 같았습니다.

웅장하고 형언할 수 없는 천성의 자태가 드러날 즈음에 천성 문 앞에 섰습니다. 그때 순례를 시작하면서 받았던 증서를 내밀었더니 천성 문이 열립니다. 꿈에도 그리던 천성 문 안으로 들어가 하나님을 찬양하는 소리에 동참하고, 온 성안에 태양처럼 빛나는 황금길을 거닐게 됩니다.

한편, 무지도 죽음의 강을 건넙니다. 이상하게도 크리스천과 소망보다 훨씬 수월하게 강을 건넙니다. '헛된 희망'(Vain-hope)이라는 나룻배 사공이 있었기 때문입니다. 사공이 자신의 배로 건너편까지 태워 준 것까지는 좋았습니다. 순탄해 보였습니다. 그런데 문제는, 강을 건너는 것보다 더 중요한 천성 문 앞에서 문이 열리지 않았습니다.

천성 문에 이르렀을 때 문지기가 '증표'를 보여 달라고 합니다. 일종의 신분증명서가 있어야 한다고, 그것 없이는 이 문을 통과할 수 없으며 천성의 주님 되신 왕을 만나 뵐 수 없다고 합니다. 그러자 그는 처음 듣는 사람처럼, "나는 주님 앞에서 먹고 마셨으며 주님께서 거리에서 나를 가르쳐 주셨다"라고 말합니다. 그래도 증표를 보여 줘야 한다고 하자 없다고 말합니다.

무지는 이 내용을 듣지 못했습니까? 아닙니다. 순례의 여정 중에 수도 없이 들었습니다. 좁은 문을 통과해야 한다고, 담을 넘으면 안 된다고, 십자가 언덕을 올라야 한다고 말입니다. 이런 무지의 결론은 무엇인지《천로역정》의 내용을 살펴봅시다.

무지는 아무리 품을 뒤져도 증표를 찾을 수 없었다. 보다 못한 사람들이 "없소?"라고 묻자 무지는 꿀 먹은 벙어리처럼 아무런 대답도 하지 못했다.

사람들이 하나님께 이 사실을 전하자 하나님은 무지를 보러 친히 내려오시지 않고 크리스천과 소망을 인도해 왔던 빛나는 두 천사에게 무지의 손발을 묶어 내치라고 엄하게 명령하셨다. 빛나는 두 천사는 무지를 데리고 하늘 높이 날아, 내가 이전에 산에서 보았던 문 속으로 던져 버렸다. 그것을 살펴보니 멸망의 도시만이 아니라 천성의 문에서도 지옥으로 통하는 길이 있었다.[*]

이것은《천로역정》에서 허황하게 지어낸 이야기가 아닙니다. 성경에도 천국 문 앞에서 쫓겨나는 장면이 많이 등장합니다.

....
[*] 존 번연,《천로역정》, p. 292.

친구여 어찌하여 예복을 입지 않고 여기 들어왔느냐 하니 그가 아무 말도 못 하거늘 임금이 사환들에게 말하되 그 손발을 묶어 바깥 어두운 데에 내던지라 거기서 슬피 울며 이를 갈게 되리라 하니라 마 22:12-13

그러나 두려워하는 자들과 믿지 아니하는 자들과 흉악한 자들과 살인자들과 음행하는 자들과 점술가들과 우상 숭배자들과 거짓말하는 모든 자들은 불과 유황으로 타는 못에 던져지리니 이것이 둘째 사망이라 계 21:8

새 하늘과 새 땅이 펼쳐지고 그 위에 새 예루살렘이 임해도, 그곳에 들어가 영원한 안식과 복락을 누릴 수 있는 사람은 따로 있다는 것입니다. 핵심이 무엇입니까? 믿음입니다. 요한계시록은 이것을 명확하게 말씀합니다.

크고 높은 성곽이 있고 열두 문이 있는데 문에 열두 천사가 있고 계 21:12

천국 문 앞에 열두 천사가 있는 이유는 쉽게 말해서 '입국 통제'를 하기 위함입니다. 이어서 보십시오. 어떤 사람이 들어갈 수 있습니까?

무엇이든지 속된 것이나 가증한 일 또는 거짓말하는 자는 결코 그리로 들어가지 못하되 오직 어린양의 생명책에 기록된 자들만 들어가리라 계 21:27

어린양은 예수 그리스도입니다. 예수님의 생명책에 이름이 기록된 사람들만 입국이 허락됩니다. 그러면 어떤 사람의 이름이 생명책에 기록될 수 있습니까? 예수 그리스도의 십자가 보혈의 대속을 전인격적으로 믿는 사람입니다.

그리스도의 보혈을 믿는다면, 천국에 들어가는 절차에 대해서는 걱정하지 않아도 됩니다. 천국이 정확히 어디에 있는지 몰라도, 가는 길이 어디인지 몰라도 괜찮습니다. 예수님이 유일한 길이기 때문입니다.

예수께서 이르시되 내가 곧 길이요 진리요 생명이니 요 14:6

말하자면 예수님이 가이드가 되어 주신다는 말씀입니다. 그러니 전혀 염려할 필요가 없습니다.

천국에 들어가기를 소원한다면 미루지 마십시오. 무지와 같은 어리석은 자리에 들지 않기를 바랍니다. 많은 사람이 늘 이런 식입니다.

"나중에, 나중에 믿을게요."

그러나 나중에 믿을 거라는 보장이 있습니까? 우리가 우리 인생을 마음대로 결정할 수 있습니까? 항상 기회는 지금입니다. 믿음으로 건너는 죽음의 강뿐만 아니라 믿음으로 들어가는 천성 문인 것입니다.

우리는 오늘날의 세계를 '지구촌'이라 부릅니다. 그만큼 교통과 통신의 발달로 지구는 가까워지기도 하고 작아지기도 했습니다. 심지어 안방에서 TV를 보다 보면 마치 세계를 손바닥에 놓고 보는 것 같습니다. 하지만 그 옛날에는 세계가 지금과 동일했음에도 불구하고 서방과 동방이 서로 전혀 모르고 살았습니다. 자기들만 최고이고 다른 세계는 없다고 생각했던 적도 있었습니다. 그런데 14세기 초 유럽에서 충격적인 사건이 일어났습니다. 한 책이 출간되면서 동방 세계가 열린 것입니다. 그 책은 바로 마르코 폴로(Marco Polo)의 《동방견문록》이었습니다.

그는 20년 이상 몽골, 중국, 인도, 티베트 등지를 여행하며 그 체험담을 기록했습니다. 거기에는 동방의 문물들이 소개되어 있었는데, 당시 유럽 사람들이 볼 때는 너무도 신기한 것들이었습니다. 그래서 한때는 성경에 다음가는 베스트셀러가 되었는데, 하도 신기하다 보니 나중에는 공상 소설로 치부되었습니다. 많은 유럽인이 그 내용을 사실로 믿지 않은 것입니다. '마르코 폴로 같은 사람'이라고 말하면 사기꾼, 거짓말쟁이라는 욕설이 될 정도였습니다. 그러나 유럽인들 중에도 그 사실을 믿고 동방으로 진출하여 역사에 족적을 남긴 사람이 있습니다. 대표적인 사람이 콜럼버스(Christopher Columbus)입니다. 신대륙을 발견하게 된 것도 이 책을 탐독한 결과였다고 합니다.

성경은, 특별히 요한계시록 본문은 '천국견문록'이라고 할 수 있습니다. 마르코 폴로의 《동방견문록》을 믿지 않았던 사람들이 참으로 어리석었던 것처럼, 천국견문록을 믿지 않는 어리석은 사람이 되지 않기를 바랍니다. 우리는 여전히 멸망의 도성을 떠나 순례의 길을 걷는 여정 중에 있습니다. 그런데 천성을 못 믿으면, 새 예루살렘을 못 믿는다면 이 여정은 아무것도 아닌 것이 되어 버리고 맙니다.

천성(天國)은 분명히 존재하는 또 다른 세계입니다. 그런데 사람들은 자기가 가 본 적이 없다며, 눈으로 볼 수 없다며 존재하지 않는다고 우깁니다. 때로는 막연히 '죽으면 좋은 데가 있겠거니' 하며 살아갑니다. 그러나 천성은 결코 저절로 가는 곳이 아닙니다. 죽음의 강을 반드시 건너야 합니다. 죽음의 강을 건넜다고 다 들어갈 수 있는 것도 아닙니다. 하나님의 자녀, 하나님의 백성이라는 분명한 믿음의 증표가 있어야 합니다.

이러한 순례의 여정을 믿음으로 살아 낸다면, 존 피터슨(John Peterson)의 〈예수 인도하셨네〉라는 찬양을 우리도 눈물과 감격으로 부를 수 있을 것입니다.

내 인생 여정 끝내어 강 건너 언덕 이를 때
하늘 문 향해 말하리 예수 인도하셨네

이 가시밭길 인생을 허덕이면서 갈 때에
시험과 환난 많으나 예수 인도하셨네

내 밟은 발걸음마다 주 예수 보살피시사

승리의 개가 부르며 주를 찬송하리라

(후렴) 매일 발걸음마다 예수 인도하셨네
나의 무거운 죄 짐을 모두 벗고 하는 말 예수 인도하셨네

1. 천성을 지나기 위해서 반드시 건너야 하는 강은 무엇인가?

　① 나일강　② 낙동강　③ 남천강　④ 죽음의 강

2. 천성은 어떤 곳이기에 소망을 갖고 사모해야 하는가?

　① 고통이 있는 곳

　② 잠깐의 생명이 머무는 곳

　③ 하나님이 함께하시는 곳

　④ 신, 불신 간의 모든 사람이 모이는 곳

3. [OX 퀴즈] '무지'는 죽음의 강을 건너지 못했다.

4. '무지'가 천성 문에 들어가지 못한 이유는 무엇인가?

　① 예정 시간보다 늦어서

　② 증표가 없어서

　③ '헛된 희망'이라는 사공의 나룻배를 타서

　④ 혼자만 와서

5. "무엇이든지 속된 것이나 가증한 일 또는 거짓말하는 자는 결코 그리로 들어가지 못하되 오직 어린양의 생명책에 기록된 자들만 들어가리라"(계 21:27). 이 말씀에서 어린양은 누구인가?

1. ④ 2. ③ 3. X 4. ② 5. 예수 그리스도

1. 피할 수 없는 죽음보다 더 중요한 것은 무엇입니까? 당신은 죽음의 강 너머의 세상을 맞이할 준비가 되어 있습니까?

2. 본문의 배경을 살펴봅시다. 하나님은 소아시아의 일곱 교회를 어떻게 격려하고 계십니까(계 21:1-2)? 당신을 둘러싼 절망적인 상황 가운데 하나님은 어떻게 권면하고 계십니까?

3. 소망으로 천성을 사모해야 하는 이유는 무엇입니까(계 21:3-4, 6, 22:3; 사 43:2)? 당신은 어떤 소망을 품고 천성을 바라고 있는지 나누어 봅시다.

4. 믿음으로 죽음의 강을 건너야 하는 이유는 무엇입니까(마 22:12-13; 계 21:7-8, 12, 27)? 당신에게 하나님의 자녀, 백성이라는 분명한 믿음의 증표가 있는지 점검해 봅시다.

5. 천국은 분명히 존재하는 또 다른 세계입니다. 그곳은 저절로 가는 곳이 아닙니다. 믿음과 소망으로 죽음의 강을 반드시 건너 긴 순례의 여정의 마지막 관문인 천성 문을 통과하기를 바랍니다.

부서별 공과 및
소그룹 교안

1. 유치부(5-7세)

2. 눈키즈(영어 주일학교)

3. 영아부(0-4세)

4. 유년부(초등학교 1-2학년)

5. 고등부(고등학교 1-3학년)

6. 소년부(초등학교 5-6학년)

7. 중등부(중학교 1-3학년)

8. 소망부(발달 장애인)

9. 초등부(초등학교 3-4학년)

10. 샬롬(30세 이상 청년부)

11. 갈릴리(20대 대학청년부)

1.

첫걸음이 중요합니다

사도행전 2:37

암송 구절

그들이 이 말을 듣고 마음에 찔려 베드로와 다른 사도들에게 물어 이르되 형제들아 우리가 어찌할꼬 하거늘 ^{행 2:37}

도입

마라톤은 42.195킬로미터라는 엄청 긴 거리를 뛰어야 하는 경주예요. 다른 달리기 경주와 달리 마라톤은 결승점이 보이지 않아요. 하지만 출발 신호가 나면 보이지는 않지만 결승점이 있는 방향으로 뛰어가야 해요. 크리스천이 달려가야 하는 천성을 향한 걸음도 그 끝이 보이지 않지만 결승점을 향해 어떻게 그 방향을 찾아서 출발할 수 있는지 함께 살펴보도록 해요.

말씀 1

우리가 살고 있는 도시에는 높은 건물과 넓은 호수와 다양한 생

208

활 편의 시설이 있어요. 《천로역정》의 주인공인 크리스천이 살고 있는 도시는 '멸망의 도시'예요. 그곳은 멋지고 화려한 곳이지만 한 가지가 없기 때문에 '멸망의 도시'라고 해요. 무엇이 없을까요? 바로 '하나님'이에요.

그 멸망의 도시에 살고 있는 크리스천이 등에 무언가를 메고 있어요. 무엇일까요? 바로 '죄의 짐'이에요. 그 죄의 짐 안에는 어떤 것이 들어 있을까요? 우리 친구들이 좋아하는 만화나 인형, 장난감, 동화책들이 죄의 짐 안에 들어 있어요. 왜일까요? 주일에 예배드리러 와야 하는데 TV에서 하는 재미있는 만화를 본다고 예배드리러 가기를 싫어하거나 장난감 놀이를 한다고 교회에 가기를 싫어한다면, 이 모든 것은 하나님께 예배드리는 우리의 마음을 방해하는 죄예요.

이처럼 하나님을 사랑해야 하는 우리 마음에 들어와 하나님보다 더 좋아하게 만드는 것은 모두 죄예요. 즉, 멸망의 도시는 하나님만 사랑해야 할 사람들이 하나님보다 더 사랑하도록 만드는 것들로 가득 차 있는 도시랍니다.

말씀 2

우리가 살펴보고 있는 크리스천은 자신이 죄의 짐을 가지고 있다는 것을 알고 있어요. 그리고 그 짐을 벗어 버리고 싶어 해요. 그러던 중 전도자에게서 죄의 짐을 벗어 버리기 위해서는 멸망의 도시를 떠나 좁은 문을 향해 가야 한다는 말을 듣게 돼요. 그 길이 어떤지는 아직 가 보지 않아서 모르지만, 그 길로 가야만 죄의 짐을 벗을 수 있다고 안내를 받아요. 그렇다면 그 길을 가야 할까요, 아니면 안 가도 될까요? 맞아요. 그 길을 가야겠지요? 지금은 죄의 짐이 무겁지만, 힘들어도 그 짐을 벗어 버릴 수 있는 곳까지 가면 비로소 죄의 짐을 벗을 수 있게 돼요.

그렇다면 우리는 어떻게 우리의 생활 속에서 죄를 분별할 수 있을까요? 크리스천의 손에 들려 있는 것이 있어요. 바로 말씀이에요. 하나님의 말씀에 비추어 보았을 때 하나님이 기뻐하지 않으시는 것은 다 죄예요. 우리도 하나님의 말씀을 배움으로 그 말씀을 가지고 우리의 죄의 짐을 깨닫고, 그 짐을 벗기 위해 좁은 문을 향해 한 걸음, 또 한 걸음 걸어가야 해요.

결단

죄의 짐이 무겁지만, 하나님의 말씀을 가지고 좁은 문을 향해 한 걸음씩 출발하는 것은 매우 중요해요. 장난감 놀이, TV 보기, 책 읽기는 매우 재미있어요. 하지만 말씀을 통해 하나님을 만나러 교회에 오기 위해서는 장난감을 정리하고, TV를 끄고, 책을 덮고 교회를 향해 걸어올 수 있기를 바라요.

활동

주제	순례 지도와 죄의 짐
학습 목표 1	1. 순례의 길을 시작하면서 앞으로 가야 할 길에 대해 설명할 수 있다. 2. 《천로역정》 시리즈가 진행되는 동안 주일 예배에 매주 출석할 수 있다.
학습 내용 1	1. 주일 예배에 출석하는 아이들에게 해당하는 과의 스티커를 붙여 준다. 2. 《천로역정》 시리즈 완주 시 완주 배지를 증정한다.
학습 목표 2	1. 우리 생활 주변에서 하나님을 사랑하는 마음을 방해하는 것들이 무엇인지 찾을 수 있다. 2. 만들어진 죄의 짐을 직접 메어 봄으로써 죄의 짐의 무게와 불편함을 알 수 있다.
학습 내용 2	1. 개인마다 스포츠 백팩을 나눠 준다. 2. 하나님을 사랑하는 마음을 방해하는 죄의 물건들을 스포츠 백팩에 넣어 본다. 3. 죄의 짐의 무게를 느껴 본다.

2.
Wicket Gate
Matthew 7:13-14

암송 구절

Enter by the narrow gate. For the gate is wide and the way is

easy that leads to destruction, and those who enter by it are

many. For the gate is narrow and the way is hard that leads

to life, and those who find it are few. Matthew 7:13-14

도입

Dear Noon kids!

사랑하는 우리 눈키즈 친구들!

If you look at the picture, the door is very small, right?

사진을 보면 문이 아주 작죠?

Yes! 'Wicket gate' is a tiny, tiny door.

쪽문은 아주 작고 좁은 문이에요.

Let's find out from the Word why we all choose 'Wicket gate' and go there!

왜 우리 모두는 넓은 문이 아닌 좁디좁은 쪽문을 선택해 그곳으로 가야 하는지 말씀을 통해 알아보도록 해요!

말씀 1

Enter by the narrow gate. For the gate is wide and the way is easy that leads to destruction, and those who enter by it are many.

Matthew 7:13

First, in today's passage from Matthew 7:13, we are told to 'enter through the narrow gate'.

먼저, 오늘 마태복음 7장 13절에서는 '좁은 문으로 들어가라'고 말씀하고 있어요.

Why leave a nice, comfortable wide door and go through a narrow one?

편하고 좋은 넓은 문을 두고 왜 좁은 문으로 들어가야 할까요?

As Christian resolves to enter the narrow way, there is a man who appears.

크리스천이 좁은 길로 들어가려 다짐할 때 등장하는 한 사람이 있어요.

'Worldly Wiseman.'

그는 이름 그대로 달콤하게 미혹하는 '세속 현자'예요.

He deceives Christians with his wise and sweet words.

그는 지혜롭고 달콤한 말로 크리스천을 미혹해요.

'If you go to a town called Morality and meet a legalistic teacher, you will take off the heavy burden."

"'도덕'이라는 마을에 가서 '율법주의' 선생님을 만나면, 그분이 당신의 무거운 짐을 당장 벗게 해 줄 거예요."

Romans 3:20 say:

로마서 3장 20절 말씀에서는 이렇게 이야기합니다.

For by works of the law no human being will be justified in his sight, since through the law comes knowledge of sin. Romans 3:20

그러므로 율법의 행위로 그의 앞에 의롭다 하심을 얻을 육체가 없나니 율법으로는 죄를 깨달음이니라 롬 3:20

Dear Noon kids, no one can be made 'righteous' with God by legalistic behaviour, right words and attitudes.

여러분, 율법적인 행동, 바른말과 태도만으로는 누구도 하나님께 '의롭다' 하심을 받을 수 없어요.

Why? Because they make it harder and harder for us.

왜요? 그것들은 우리를 정죄하면서 더 힘들고 아프게 만들거든요.

A wide door that looks nice and easy is a door that leads to destruction.

멋지고 쉬워 보이는 넓은 문은 멸망으로 이어지는 문이에요.

말씀 2

For the gate is narrow and the way is hard that leads to life, and those who find it are few. Matthew 7:14

생명으로 인도하는 문은 좁고 길이 협착하여 찾는 자가 적음이라 마 7:14

Matthew 7:14 tells us. There are many easy and comfortable paths in the world. And we tend to choose the easy and good ones. But to find the hidden treasure, we need to go through the narrow and difficult path.

마태복음 7장 14절에서는 이야기하고 있어요. 세상에는 쉽고 편한 길이 많아요. 그리고 우리는 편하고 좋은 것들을 선택하려 하죠. 하지만 숨겨진 보물을 찾기 위해서는 좁고 어려운 길을 통과하는 과정이 필요해요.

Dear Noon kids! We know the truth that we are saved by the blood of 'Jesus' alone.

우리는 오직 '예수님'의 보혈로 구원을 받는다는 진리를 알고 있어요.

So, Wicket Gate, and there is only one way to heaven, and that way is Jesus Christ.

좁은 문, 천국을 향해 가는 길은 오직 한 길, 예수 그리스도뿐이에요.

As hard and difficult as it may seem, the only true freedom is in Jesus.

힘들고 어려워 보이지만 진정한 자유는 오직 예수님 안에 있어요.

결단

Dear Noon kids! Treasure is always hidden and hard to find.

사랑하는 여러분! 보물은 항상 숨겨져 있고 찾기 어려워요.

When we choose the narrow gate over the temptations of the world, we will eventually taste the treasure.

세상의 유혹 대신 좁은 문을 선택할 때, 결국 우리는 보물을 맛볼 수 있죠.

Hopefully, you'll remember this secret and be Noon kids who chooses the narrow door at the end.

이 비밀을 기억하고 마지막에 좁은 문을 선택하는 눈키즈가 되기를 바라요.

활동

주제	선택한 길에 대한 인내와 극복
학습 목표	공동체 게임을 통해 좁은 길 여정을 무사히 통과한다.
학습 내용	'동대문 게임'을 변형한 Wicket Gate 공동체 활동을 통해 좁은 문, 좁은 길의 개념을 경험한다.

3. 십자가 언덕

히브리서 12:1-2

믿음의 주요 또 온전하게 하시는 이인 예수를 바라보자 그는 그 앞에 있는 기쁨을 위하여 십자가를 참으사 부끄러움을 개의치 아니하시더니 하나님 보좌 우편에 앉으셨느니라

히 12:2

도입

사랑하는 친구들, 여기 경찰차가 있어요! 우리 친구들은 무엇을 보면 경찰차인지 알 수 있나요? 맞아요! 소리를 들으면 알 수 있어요. 또 여기 빨간색과 파란색 불빛을 보면 바로 경찰차인지 알 수 있어요! 그래서 죄를 지은 사람들이 이 경찰 마크를 보면 뜨끔하면서 도망가요.

친구들, 교회에 오면 뭐가 보이죠? 바로 십자가가 보여요. 오늘 말씀을 통해 이 십자가는 어떠한 상징을 가지고 있고, 이 십자

가는 어떠한 능력이 있는지 한번 나누어 보려고 해요! 우리 친구들, 말씀 속으로 쏙쏙!

말씀 1
말씀 한 구절 읽겠습니다.

모세가 놋뱀을 만들어 장대 위에 다니 뱀에게 물린 자가 놋뱀을 쳐다본 즉 모두 살더라 민 21:9

친구들, 이스라엘 백성이 하나님 앞에 죄를 지었어요. 하나님께 감사하지도 않고 원망과 불평을 했어요. 하나님께서 화가 나셔서 많은 사람이 뱀에 물려 죽어 갔어요.

모세가 이스라엘 백성을 위해 기도하자 하나님께서는 모세에게 놋뱀을 만들어 장대 위에 걸라고 하셨어요. 그리고 놋뱀을 쳐다보면 살 거라고 하셨어요. 하나님의 말씀대로 그 놋뱀을 쳐다보자 병에 걸린 모든 사람이 살게 되는 은혜를 누리게 되었어요.

친구들, 이 장대 위에 걸린 놋뱀이 무엇을 의미하냐면, 바로 십자가에 달리신 예수님을 뜻해요. 우리가 병들고 아플 때, 하나님의 말씀대로 살지 못할 때 장대 위에 걸린 놋뱀을 보면 살 수 있는 거예요. 우리 영아부 친구들도 십자가 위에 달리신 예수님을 바라보면 살 수 있어요. 우리의 모든 죄의 짐이 벗어지고, 죄와 사망 권세가 십자가 앞에서 사해지는 은혜를 누리게 돼요!

말씀 2

친구들, 이뿐만이 아니에요! 크리스천이 십자가 언덕에서 죄의 짐이 벗어지고 새 옷을 갈아입었어요. 우리도 십자가에 달린 예수 그리스도를 믿기만 하면 하나님의 자녀가 되어 우리가 하나님을 아버지라 부를 수 있어요. 이제 우리는 새 옷을 입은 자로서 하나님께서 기뻐하시는 말과 행동, 생각을 해야 해요.

결단

사랑하는 영아부 친구들, 우리는 십자가 아래에서 모든 죄의 짐이 벗어졌어요. 그 무거운 죄의 짐을 다시 지며 살아가는 어리석은 사람은 없겠죠? 십자가 앞에서 죄 짐이 벗겨진 크리스천처럼 죄인이라 고백하고, 구원의 문이신 예수님을 통해서만 구원받는 것을 믿어야 해요. 하나님 나라를 향해 오늘도 순례의 걸음을 힘차게 내딛는 우리 친구들이 되어요!

활동

주제	승리의 깃발 만들기
학습 목표	1. 나의 죄 짐이 무엇인지를 안다. 죄 고백을 하면 용서받는 것을 안다. 2. 예수님을 믿고 의지하면 구원을 선물로 받고 승리한다는 것을 안다.
학습 내용	1. '승리하신 예수님' 문구가 들어간 깃발 도안을 오려서 준다. 2. 깃발 한 면에 양면테이프를 미리 붙혀 놓는다. 3. 아이들이 글자와 깃발에 색연필로 색칠하며 꾸미기를 한다. 4. 굵은 빨대를 준비하여 꾸미기 활동이 끝난 승리의 깃발을 완성한다

4. 하나님의 전신 갑주!

유년부(초등학교 1-2학년)

에베소서 6:10-13

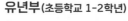

암송 구절

> 우리의 씨름은 혈과 육을 상대하는 것이 아니요 통치자들과
> 권세들과 이 어둠의 세상 주관자들과 하늘에 있는 악의 영
> 들을 상대함이라 엡 6:12

도입

샬롬, 사랑하는 유년부 친구들! 이번 주《천로역정》에 나오는 단어들은 '천국, 순례자, 구도자, 선의, 무지, 허례, 위선'이에요. 그 뜻을 오늘 말씀을 통해 알아봅시다.

멋진 투구와 방패, 튼튼해 보이는 옷을 입고 있는 캡틴 아메리카를 알고 있나요? 마치 전쟁터에 나갈 준비를 하고 있는 것 같네요. 이처럼 지금 에베소교회에도 특별한 전쟁이 일어나고 있다는데, 한번 알아볼까요?

말씀 1

이 어둠의 세상 주관자들과 하늘에 있는 악의 영들을 상대함이라 엡 6:12

에베소교회는 악한 영들, 즉 사탄과 매일 영적 전쟁을 하고 있었어요. 하나님보다 다른 것들을 더 사랑하기도 했고, 마음이 완악하여 하나님의 말씀이 들리지 않는 사람도 많았어요. 또한 거짓된 모습으로 자칭 사도라며 사람들을 미혹하기도 했어요. 에베소교회를 너무 사랑하는 바울이 에베소교회 사람들을 향해 이렇게 외쳤어요.

"에베소교회 사람들이여, 하나님의 전신 갑주를 입고 하나님만 의지해야 합니다!"

친구들, 하나님의 전신 갑주가 무엇일까요?《천로역정》을 통해 조금 더 깊이 알아볼까요?

말씀 2

바울처럼 크리스천은 사탄, 악마가 가득한 '겸손의 골짜기'에 들어갔어요. 그곳에는 밑바닥이 없는 구덩이의 수호자 '아볼루온'이 살고 있었어요. 크리스천은 하나님이 주신 '전신 갑주'를 입고 죽기 살기로 아볼루온과 맞서 싸웠어요. 어떤 전쟁에서도 승리할 수 있는 구원의 투구, 믿음의 방패, 성령의 검, 의의 호심경, 진리의 허리띠, 평안의 신발이 바로 전신 갑주예요.

결단

그렇다면 전신 갑주는 어떻게 입을 수 있을까요? 돈이 많아도 살수 없고, 착하게 살아도 가질 수 없어요. 오직 예수님을 믿을 때전신 갑주를 입을 수 있답니다. 전신 갑주를 입고 전쟁터에 나간다면 그냥 이기는 것이 아니라, 넉넉히 이길 수 있어요. 완승하게되는 거예요. 우리 유년부 친구들도 예수님만을 사랑하고 믿으며영적 전쟁에서 완승하기를 소망합니다.

활동

주제	움직이는 전신 갑주
학습 목표	1. 구원, 진리, 믿음, 복음, 의, 성령의 뜻을 알고 말로 표현할 수 있다. 2. 종이컵, 빨대를 이용하여 전신 갑주를 만들어 하나님의 무기로 무장하는 것이 무엇인지를 안다. 3. 전신 갑주를 입고 하나님만 의지하면 영적 전쟁에서 승리할 수 있음을 안다.
학습 내용	1. 전신갑주 영적무기의 도안을 색칠하고 가위로 오린다. 2. 종이컵에 구멍을 뚫고 빨대를 넣어 몸통을 만든다. 3. 종이컵 몸통 부위에 맞게 영적 무기들을 붙인다. 4. 빨대를 위 아래로 움직여보며 전신갑주를 완성한다.

5. 당신의 신앙 캐릭터는 무엇입니까?

고린도전서 4:15-21

암송 구절

그리스도 안에서 일만 스승이 있으되 아버지는 많지 아니하

니 그리스도 예수 안에서 내가 복음으로써 너희를 낳았음이

라 고전 4:15

도입

할렐루야! 새 학기가 시작된 지 어느덧 2주가 흘렀네요. 특별히 우리 1학년 지체들, 고등학교 생활에 적응이 되나요? 고등학교에 가면 새로운 환경과 새로운 캐릭터의 친구들을 많이 만나게 될 텐데, 여기서 질문!

Q. 여러분 각자 스스로 생각하는 캐릭터는 무엇인가요?

Q. 그렇다면 타인이 본 여러분은 어떤 캐릭터일까요?

Q. 요즘은 MBTI로 어떤 성격을 가졌는지 많이들 파악하는

데, 여러분 각자의 MBTI는 무엇인가요?

적어 보고 함께 나눠 보면 좋을 것 같습니다.

그런데 신앙에도 캐릭터가 있다는 거 알고 있나요? 성경에도, 신앙에도 우리의 모습과 비슷한 캐릭터가 참 많이 있는데요. 오늘 말씀을 통해, 특별히 《천로역정》의 캐릭터들을 살피면서 여러분은 각각 어떤 캐릭터를 닮았는지 생각해 볼 수 있기를 바랍니다. 또한 닮아야 할 캐릭터와 닮지 말아야 할 캐릭터가 있는데, 여러분은 어느 쪽에 더 가까운지도 생각해 보는 귀한 시간이 되기를 소망합니다.

말씀 1

바울은 15절에서 '내가 복음으로써 너희를 낳았다'고 말합니다. 그리고 16절에서는 '너희는 나를 본받는 자가 되라'고 말합니다. 이렇게 말할 수 있는 이유는, 바울이 고린도 교인들의 아버지로서 고린도 교인들이 그리스도 안에서 어떻게 살아야 할지를 잘 보여 주었기 때문입니다. 즉, 바울은 고린도교회의 본보기로서 고린도 교인들의 신앙을 이끌어 주었던 인물이었던 것입니다.

사망의 음침한 골짜기에서 크리스천에게 힘을 주었던 음성은 바로 앞서 걷는 이, 즉 신실의 외침이었습니다. 크리스천은 아마 앞서 걸었던 신실의 외침이 없었다면 혼미하여 무너졌을 것입니다. 또한 크리스천은 사망의 음침한 골짜기를 지난 이후 신실과 벗이 되어 함께 걸어가게 되는데, 여러분에게는 신실처럼 순례의 길을 잘 걸어갈 수 있도록 이끌어 주며 같이 걸어 줄 믿음의 친구가 있나요? 더 나아가 여러분은 누군가에게 신실과 같은 친구가 되어 주고 있나요? 신실과 같은 친구를 만나기를, 신실과 같은 친구가 되어 주기를 축복합니다.

말씀 2

신실과 같이 닮아야 할 친구가 있는가 하면, 닮지 말아야 할 친구들도 분명히 있습니다. 본문 18절에 보면 어떤 이들은 '스스로 교만하여졌다'고 말합니다. 그러나 20절에서 분명히 하고 있는 것은, '하나님 나라는 말에 있지 않고 오직 능력에 있다'고 말합니다. 당시 고린도 사람들은 자부심이 강했습니다. 하지만 모두가 능력을 가지고 있지 않기에 그만큼 허풍으로 가득 찬 사람도 많았습니다. 그래서 바울은 복음을 전할 때 '말의 지혜로 하지 않고 더더욱 십자가의 능력만을 강조'했던 것입니다(고전 1:17-18).

《천로역정》에서 크리스천과 신실은 함께 길을 걷다가 수다쟁이를 만나게 됩니다. 수다쟁이는 멀리서 보면 말도 잘하고 괜찮아 보이지만, 고향에서의 행동은 추악하기 그지없는 사람, 즉 말만 하는 사람이었습니다. 실제로 만나서 이야기를 나눠 보니 수다쟁이는 역시 기도나 회개, 믿음, 거듭남에 대해 말을 잘했습니다. 그러나 그저 말만 할 뿐, 행동은 전혀 없었습니다.

믿음의 길, 순례의 길을 걸어갈 때 혹시 삶으로 살아 내지 않고 말뿐인 사람들을 본 적이 있나요? 말과 행동이 다른 사람들을 보면 어떤 생각이 드나요? 혹시 여러분의 신앙 캐릭터가 수다쟁이에 가깝지는 않나요?

결단

여러분의 신앙 캐릭터는 무엇인가요? 신실에 가까운지, 아니면 수다쟁이에 가까운지 이 시간 진실하게 자기 자신을 돌아보기를 바랍니다. 앞으로 우리는 순례의 길을 계속 걸어가야 할 텐데, 바울이 고린도 교인들을 이끌어 준 것처럼, 신실이 크리스천을 이끌어 주었던 것처럼 누군가의 든든한 벗이 될 수 있기를 예수님의 이름으로 축복합니다. 또한 말로만 믿는 믿음이 아닌 행함으로 드러나는 믿음을 가지고 순례의 길을 걷는 저와 여러분이 되기를 예수님의 이름으로 축복합니다.

활동

주제	자신의 신앙 캐릭터 찾기
학습 목표	질문과 나눔을 통해 말씀을 적용할 수 있다.
학습 내용	1. 크리스천은 사망의 음침한 골짜기와 이교도의 동굴을 무사히 지난 후 든든한 벗을 만나게 되는데, 이 벗의 이름은 무엇인가요?
	2. 여러분에게 신실과 같은 믿음직한 친구가 있다면 소개해 봅시다.
	3. 크리스천과 신실은 길을 걷다가 또 한 사람을 만나게 되는데, 달변가의 아들로 수다 거리에 사는 이 사람의 이름은 무엇인가요?
	4. 수다쟁이는 말을 아주 잘했지만 행동은 악마와 같다고 했습니다. 말과 행동이 다른 사람을 보면 여러분은 어떤 생각이 드나요?
	5. 여러분의 신앙 캐릭터는 무엇인가요? 신실에 가까운지, 수다쟁이에 가까운지 함께 나누어 봅시다. 그리고 한 주간 순례의 길을 어떻게 걸어갈 것인지 결단하고 나누어 봅시다.

6.

소년부 (초등학교 5-6학년)

Need vs. Greed
(필요 vs. 탐욕)

전도서 1:1-2

암송 구절

전도자가 이르되 헛되고 헛되며 헛되고 헛되니 모든 것이

헛되도다 전 1:2

도입

사랑하는 소년부 친구들! 우리는 《천로역정》 일곱 번째 시간을 맞이하게 되었어요. 크리스천과 신실은 헛됨의 시장에 들어섰어요. 그곳에서는 장사꾼들이 집, 명예, 돈, 쾌락 등 세상의 모든 현란한 것을 팔고 있었어요. 그러나 크리스천과 신실은 거들떠보지 않고 "우리는 진리를 원해요"라고 말했어요. 세상에서 우리를 유혹하는 모든 것이 다 헛되고 헛되다는 사실을 깨달았기 때문이에요.

말씀 1

오늘 전도서에서도 전도자는 해가 뜨는 세상 아래에 행하는 모

든 일이 헛되고, 헛되고, 헛되다고 고백해요. 하나님을 떠나 죄로 가득 찬 인간의 모든 생각과 말, 행위가 결국은 다 어리석은 탐욕과 허영심으로부터 생겨나는 헛된 일임을 전도자는 깨달았던 거죠. 하나님은 우리가 세상을 살아가며 꼭 필요한 것, 진리 되신 예수님을 붙들기를 원하세요. 갈라디아서 5장 24절은 "그리스도 예수의 사람들은 육체와 함께 그 정욕과 탐심을 십자가에 못 박았느니라"라고 말해요. 하나님은 '세상에 속한 욕심을 헛된 줄 알고 버리는'(새찬송가 149장) 우리가 되기를 바라세요.

말씀 2

영어 'Need'는 우리가 살아가는 데 필요한 근원적인 것을 말해요. 반면 'Greed'는 살아가는 데 필요 이상으로 지나치게 탐하는 욕심을 말하죠. 지난주에 백화점에 갔다가 100만 원이나 하는 로켓 모양의 쓰레기통을 보았어요. 하늘을 나는 것도 아니고 단지 로켓 모양으로 만들어진 쓰레기통이 그렇게 비쌌어요. 만약 제가 한 달의 수입이 100만 원인데 그 쓰레기통이 예뻐서 샀다면 저는 Need를 따라 산 것일까요, Greed를 따라 산 것일까요? (Greed!) 아침에 아빠가 물을 마시는 것은 Need일까요, Greed일까요? (Need!) 친구가 학교에 갈 때 멜 가방을 사는 것은 Need일까요, Greed일까요? (Need!) 친구가 그 가방의 디자인이 마음에 들어서 30개를 사서 집에 쌓아 두기만 한다면요? (Greed!)

결단

예수님께서는 우리의 구원을 위해 십자가를 지셨어요. 세상의 욕망을 채우며 살아가는 헛된 삶을 살지 않기로 해요. 모진 박해 속에서도 천국을 소망하며, 창조주 되시고 구원자 되신 예수님을 구하며 살아가는 복된 성도, 진짜 크리스천이 됩시다.

활동

주제	소년부 분반 시간 〈하브루타〉	가정에서 〈고난 주간 챌린지〉
학습 목표	하브루타와 챌린지를 통해 천국을 소망하는 방법에 대해 알 수 있다.	

학습 내용	1. 요즘 내가 생각하는 Need와 Greed는 무엇인가?
	2. Need를 추구하는 삶과 Greed만 추구하는 삶의 결과는 어떻게 될까?
	3. 새찬송가 149장 〈주 달려 죽은 십자가〉를 함께 부르고 기도하고 마침
		1. 미디어 금식
		   – 경건의 삶
		2. 환경 지킴이
		   – 지구 사랑
		3. 사랑의 보따리
		   – 탐욕을 줄이고 이웃의 필요를 채우기
		4. 복음의 전달자
		   – 전도의 삶

7.

중등부(중학교 1-3학년)

약속의 열쇠

사도행전 12:1-5

암송 구절

이에 베드로는 옥에 갇혔고 교회는 그를 위하여 간절히 하

나님께 기도하더라 ^{행 12:5}

도입

64년 7월 19일 밤, 로마의 황제 네로(Nero)가 통치하던 시기에 로마 대형 경기장에 있는 상점에서 불이 났습니다. 이 불은 삽시간에 로마 전 지역을 뒤덮었습니다. 당시 로마의 소방대원 7천여 명이 사력을 다했지만 약 10일 동안이나 불길을 잡지 못했습니다. 이 불로 인해 로마의 14개 행정 구역 가운데 3개구가 전소하고, 7개구는 절반 정도 피해를 입었습니다. 수많은 사람이 목숨을 잃은 이 사건의 주범을 네로 황제는 그리스도인으로 지목합니다. 이로 인해 수많은 그리스도인이 억울하게 붙잡혀 처참한 죽음을 당하게 됩니다. 이 얼마나 억울한 일입니까? 그런데 오늘 본문에

233

서 베드로 또한 억울하게 감옥에 갇히는 사건이 일어납니다.

> **그때에 헤롯왕이 손을 들어 교회 중에서 몇 사람을 해하려 하여 요한의 형제 야고보를 칼로 죽이니 유대인들이 이 일을 기뻐하는 것을 보고 베드로도 잡으려 할새** 행 12:1-3

말씀 1

본문 1절에 나오는 헤롯의 정확한 이름은 헤롯 아그립바 1세입니다. 이 왕도 네로 황제 못지않은 잔인한 왕입니다. 칼로 야고보를 죽였습니다. 야고보는 베드로와 요한과 함께 예수님의 핵심 제자 중에 한 명입니다. 그런데 죽인 것입니다. 헤롯 아그립바 1세가 왜 이런 일을 저질렀을까요?

> **유대인들이 이 일을 기뻐하는 것을 보고 베드로도 잡으려 할새 때는 무교절 기간이라** 행 12:3

사실 유대인들은 헤롯을 좋아하지 않았습니다. 워낙 성격이 더럽고 무서운 집안의 사람이다 보니 평가가 좋지 않았습니다. 그런데 교회를 박해하니 유대인들이 기뻐하는 것이 아닙니까? 헤롯은 자신이 한 행동을 좋아하는 유대인들을 더 만족시켜 주고 싶었습니다. 그래서 이제는 누구를 잡아들입니까? 베드로를 잡습니다. 그리고 그를 감옥에 가둡니다. 베드로가 얼마나 억울했겠습니까? 베드로는 복음을 전한 것밖에 없는데 감옥에 갇혀 야고보와 같이 죽음을 앞두게 되었습니다.

이처럼 《천로역정》의 크리스천과 소망도 정말 당황스럽고 억울한 일을 당하게 됩니다. 순례의 여정에서 너무 지친 이들은 작은 쉼터에서 조금 쉬기로 합니다. 피곤한 몸을 잠시 쉬고 일어났는데 큰일이 났습니다. 절망의 거인이라는 사람이 이들을 지켜보고 있었습니다. 이들은 절망의 거인에게 "우리는 순례자들인데 길을 잃어서 잠시 여기서 눈을 붙였습니다"라고 말했지만 절망의 거인은 무섭게 소리쳤습니다.

"감히 내 땅에 허락도 없이 들어와서 잠까지 자다니!"

분노한 절망의 거인은 이들을 악취가 진동하는 깜깜한 지하 감옥에 가두고는 사정없이 두들겨 팼습니다. 얼마나 억울하고 황당합니까?

말씀 2

절망의 순간, 할 수 있는 것이 아무것도 없는 순간, 우리는 무엇을 해야 할까요?

이에 베드로는 옥에 갇혔고 교회는 그를 위하여 간절히 하나님께 기도하더라 행 12:5

크리스천과 소망도 그렇게 절망 가운데 기도를 시작합니다.

그날은 토요일 밤 자정 무렵이었습니다. 그때 크리스천이 깨달은 것이 있습니다. 크리스천의 품속에 '약속의 열쇠'가 있었다는 것입니다. 그 사실을 알게 된 크리스천과 소망은 모든 감옥의 문을 열고 마치 다시 새로운 생명을 얻은 것처럼 탈출하게 됩니다.

베드로 또한 교회의 기도를 통하여 생명의 주인 되신 예수님께서 약속의 열쇠가 되어서 감옥의 문을 열어 주시고 다시 복음을 위해 살아갈 수 있게 하셨습니다!

결단

우리가 순례의 길, 믿음의 길을 가다 보면 정말 억울함 가운데 절망의 순간을 경험할 때가 있습니다. 혹시 그때가 지금일지도 모르겠습니다. 그러나 확실한 것은, 모든 사망 권세를 이기고 부활하신 생명의 주님을 믿는 자들의 마음에는 '약속의 열쇠'가 있음을 믿어야 합니다. 이 열쇠는 무엇입니까? 모든 어둠과 절망과 죄악을 풀어 버릴 유일한 열쇠, 예수 그리스도입니다!

우리의 삶에 약속의 열쇠가 되시는 생명의 주님이 언제나 함께 계신다는 사실을 기억하기 위해 기도하며, 그 약속을 누리며 살아가는 저와 여러분이 될 수 있기를 주님의 이름으로 축복합니다.

활동

주제	약속의 열쇠
학습 목표	모든 문제를 해결할 수 있는 약속의 열쇠가 예수 그리스도임을 알 수 있다.
학습 내용	1. 예수님을 믿는다는 이유로 또는 다른 이유로 억울했던 경험이 있나요? 2. 《천로역정》의 지하 감옥에 갇힌 상황과 같은 마음을 경험한 적이 있나요? 3. 힘들고 어려운 상황에서 벗어날 수 있는 유일한 방법은 무엇인가요(행 12:5)? 4. 크리스천 품에 있었던 약속의 열쇠를 당신은 가지고 있나요?

8. 잃어버린 양을 찾는 목자

누가복음 15:4

도입

크리스천과 소망은 절망의 거인에게서 떠난 이후 기쁨 산맥으로 갑니다. 여기서 목자들을 만나요. 그러나 성경에는 우리의 목자 되시는 분이 계십니다. 누구시죠? 바로 '예수님'이시죠. 우리의 순례의 여정 속에서 만나게 되는 목자 되신 예수님에 대해 알아봅시다. 우리의 목자 되신 예수님은 어떤 분이실까요? 본문을 읽어 보겠습니다!

너희 중에 어떤 사람이 양 백 마리가 있는데 그중의 하나를 잃으면 아흔

아홉 마리를 들에 두고 그 잃은 것을 찾아내기까지 찾아다니지 아니하겠느냐 눅 15:4

말씀 1

따라 합니다! 찾아내기까지 찾아다니시는 예수님.

우리가 순례의 길에서 만나게 되는 목자 되신 예수님이 어떤 분이시냐면, 잃어버린 한 영혼을 찾아낼 때까지 찾으시는 분이세요. 만약 못 찾고 있다면 밥도 굶으면서 조금도 쉬지 않고, 앞에 가시덩굴과 야생동물의 위협이 있을지라도 그 양을 찾기 위해 찾고, 찾고, 또 찾으시는 분이 우리 예수님이십니다. 여러분, 생각해 보세요. 핸드폰을 잃어버렸습니다. 어떻게 하겠습니까? 나중에 찾아야지 하며 그냥 집에 가서 밥 먹고 쉴 사람이 있습니까? 없습니다. 그렇다면 예수님이 천하보다 소중하게 여기는 한 영혼, 잃어버린 한 마리의 양은 어떻게 하시겠습니까? 찾아낼 때까지 찾으십니다. 그분이 우리 예수님이십니다.

말씀 2

우리의 선한 목자 되신 예수님께서는 오랜 시간이 걸릴지라도, 찾는 환경이 위험하다 할지라도 한 영혼을 찾으시죠. 그러다 결국 양을 찾게 되면 축제를 여십니다.

집에 와서 그 벗과 이웃을 불러 모으고 말하되 나와 함께 즐기자 나의 잃

예수님은 한 영혼을 찾게 된 것을 너무 기뻐해서 춤만 추시는 것이 아니라, 벗과 이웃을 불러 모으고 잔치를 여십니다. 우리는 주님의 기쁨이며, 잃어버린 영혼을 찾는 것은 주님을 기쁘시게 하는 일인 줄 믿습니다. 이런 찬양도 있죠? "예수님 기뻐 춤추시리 잃어버린 영혼 돌아올 때"(김화랑 작사/작곡, 〈예수 이름이 온 땅에〉)! 할렐루야!

결단

크리스천은 기쁨 산맥에서 목자들을 만납니다. 그러나 그 목자 중의 목자 되신 예수님을 봅시다. 그분은 어떤 분이십니까? 잃어버린 한 마리의 양을 찾아낼 때까지 찾으시는 분! 그리고 찾게 되면 너무도 기뻐하시는 분! 그분이 우리 예수님입니다. 그러니 우리의 순례의 여정을 그분께 맡겨 드리면 너무나 좋지 않을까요? 만약 우리가 잃어버린 바 되었다면 결국 우리 주님이 우리를 잃어버리지 않고 찾아내시고야 말 것입니다.

활동

주제	잃어버린 양 찾기
학습 목표	잃어버린 양을 직접 찾는 활동으로 예수님의 마음을 이해할 수 있다.
학습 내용	1. 양의 탈을 쓴 선생님이 숨어 있는다. 2. 학생들은 잃어버린 양을 찾아다닌다. 3. 이후 학생들이 양을 찾게 되면 기뻐하며 선물을 증정한다.

9. 영적 무지를 깨닫기!

갈라디아서 2:11-16

사람이 의롭게 되는 것은 율법의 행위로 말미암음이 아니요
오직 예수 그리스도를 믿음으로 말미암는 줄 알므로 우리도
그리스도 예수를 믿나니 이는 우리가 율법의 행위로써가 아
니고 그리스도를 믿음으로써 의롭다 함을 얻으려 함이라 율
법의 행위로써는 의롭다 함을 얻을 육체가 없느니라 갈 2:16

도입

사랑하는 친구들, 죄라는 것을 알아요? 친구들, 여기에 컵이 있
는데 컵 안에 검정 잉크가 세 방울 들어가면 이 컵이 어떻게 될까
요? 투명한 물이 담긴 컵 안은 검정으로 물들어 버립니다. 이처럼
죄라는 것은 특징이 있어요. 죄는 오염이 되어요. 깨끗한 것들을
더럽히고, 온전한 것을 망가지게 하는 것이 바로 죄의 특징이에
요! 그렇게 더럽혀지고 망가지게 되면 결국 어떻게 될까요? 죄가

사망을 낳는다는 말씀처럼 죄의 최후는 패망이요, 죽음이에요!

말씀 1
우리 말씀 한 구절 읽을까요?

> **사람이 의롭게 되는 것은 율법의 행위로 말미암음이 아니요 오직 예수 그리스도를 믿음으로 말미암는 줄 알므로 우리도 그리스도 예수를 믿나니 이는 우리가 율법의 행위로써가 아니고 그리스도를 믿음으로써 의롭다 함을 얻으려 함이라 율법의 행위로써는 의롭다 함을 얻을 육체가 없느니라** 갈 2:16

친구들, 이렇게 검정 잉크로 인해 완전히 오염된 이 물컵을 다시 깨끗하게 하는 방법이 있을까요? 사람들은 이렇게 죄로 번진 인생을 다시 회복하기 위해 열심히, 도덕적으로, 윤리적으로 더 착하고 바르게 살면, 또 불쌍한 사람들을 도와주면서 살면 회복될 수 있다고 생각하지만, 그렇지 않아요. 우리가 아무리 삶을 뜯어고쳐 보아도 소용이 없어요. 우리의 선한 행동 속에는 죄가 숨어 있어서 저지른 죄로 인한 형벌은 절대로 피할 수 없는 존재가 되었어요. 아무리 죄를 짓지 않으려고 눈물겨운 노력을 한다고 해도 이미 더러워진 우리는 소망과 희망을 잃어버렸습니다.

말씀 2

그런데 우리에게 정말 소망이 없을까요? 아닙니다. 우리에게는 이 모든 죄의 사슬을 끊어 버리고 사망의 결국을 맞이하지 않을 방법이 있어요. 그 방법은 오직 예수 그리스도이십니다. 이 물컵을 완전히 새롭게 할 수 있는 것은, 오직 그리스도를 믿는 믿음으로 가능해요.

왜일까요? 그럼 예수 그리스도를 믿으면 우리의 죄가 해결이 될까요? 친구들, 예수라는 이름은 '자기 백성을 그들의 죄에서 구원할 자'(마 1:21)라는 뜻을 가져요. 예수님이 이 땅에 오신 목적은 단 하나, 당신의 백성을 구원하기 위해서 이 땅에 오셨습니다. 더럽고 무너진 우리의 삶을 다시 회복시키고 새로운 생명을 주기 위해서 이 땅에 오셨습니다. 죄로 뒤덮인 우리의 소망은 오직 예수님이십니다. 그 예수님은 죄가 없으신 분이에요. 죄가 없으신 그분이 우리의 모든 죄를 짊어지고 십자가에서 하나님이 내리시는 모든 형벌과 하나님의 공의와 정의의 모든 심판을 받으세요. 그 예수 그리스도께 자신의 죄를 맡기고, 그분이 자신을 위해 죽으셨음을 믿는 모든 사람을 하나님께서 의롭다 하세요. 예수님을 믿는 모든 사람을 의롭다고 선포하시는 거예요. 우리에게 필요한 것은 다른 것이 아닙니다. 우리를 위해 십자가에서 죽으신 그리스도를 믿는 믿음밖에는 방법이 없습니다.

결단

친구들, 우리는 오늘 말씀을 통해 기억해야 할 것이 있습니다. 우리는 영적인 무지함을 깨달아야 합니다. 세상이 아무리 의를 주장해도 멸망할 수밖에 없는 것을 깨닫고, 예수 그리스도의 아름다움을 고백하며, 그 십자가의 사랑을 고백하며, 나를 위해 죽으신 그리스도를 사모하며, 그리스도를 온 맘 다해 사랑하며 나아가는 주의 거룩한 백성이 되기를 소망합니다.

활동

주제	말씀을 통해 자신의 영적 무지함 깨닫기
학습 목표	초등부 분반 시간 Q&A 활동 및 빈칸 채우기
학습 내용	1. 우리가 의롭게 되는 방법은 무엇인가(갈 2:16)? 　　질문에 대한 답을 말씀을 찾아 적은 후 함께 읽기 2. 예수님을 믿으면 왜 우리가 의로워지는가(롬 4:25)? 　　질문에 대한 답을 말씀을 찾아 적은 후 함께 읽기 3. 예수님을 만나면 어떻게 되는가? 　영적(　　　　)을 깨닫게 됩니다. 자신의 영적 무지함을 깨닫고, 죄인 된 나를 의롭게 하신 예수님의 사랑을 감사하며 마무리 기도로 마침

10.

샬롬(30세 이상 청년부)

깨어 있음
_ 한없이 잇닿은 그 기다림

데살로니가전서 5장 1-11절

암송 구절

그러므로 우리는 다른 이들과 같이 자지 말고 오직 깨어 정

신을 차릴지라 살전 5:6

도입

겸손의 골짜기, 사망의 음침한 골짜기, 기쁨 산맥 등을 거쳐 당도
한 곳은 '마법의 땅'입니다. 현혹되고 미혹될 수 있는 곳이에요.
황홀하고 평화로워 보이는 그 땅을 앞서 기쁨 산맥에서 만났던
세 번째 목자는 조심하라고 했습니다. 여러분의 삶은 어떤가요?

데살로니가교회는 칭찬받는 교회였고, 본이 되는 교회였습니
다. 그런 그들에게 바울 사도는 '오직 정신을 차려 깨어 있으라'
고 말합니다. 여러분, 괜찮은 것 같을 때 방심할 수 있습니다. 말
씀을 통해 천성을 향해 나아가는 우리의 발걸음을 돌아보는 계기
가 되기를 소망합니다.

말씀 1

우리는 깨어 있기 위해 무지(無知)에서 인지(認知)로 나아가야 합니다. 1절은 '주의 날'에 대해 언급하며, 그 시기를 알 수 없다고 강조합니다. 이는 마치 밤에 도둑이 오는 것처럼 예측할 수 없습니다. 데살로니가 교인들은 예수님을 잘 믿었지만, 재림의 시기를 알 수 없는 상황에서 혼란을 겪었습니다. 이는 우리가 알고 있다고 생각한 것조차 불확실해질 수 있음을 시사합니다.

세상은 '평안하다, 안전하다'고 말하지만, 이러한 주장은 우리를 영적으로 무지하게 만들 위험이 있습니다. '남들도 다 그렇게 한다'는 식의 사회적 압력은 우리가 하나님의 뜻을 따르는 데 방해가 될 수 있습니다. 이로 인해 우리 마음에 틈이 생기고, 그 틈새로 무지의 영이 자리 잡아 우리를 영적으로 무감각하게 만들수 있습니다. 그러나 우리가 확실히 알아야 할 것은, '주의 날'이 반드시 온다는 사실입니다.

본문은 우리에게 '깨어 정신을 차리라'고 권면합니다. 이는 우리가 '빛의 자녀, 낮의 자녀'로서 어둠에 속하지 않았기 때문입니다. 우리는 두 가지 존재 방식 중 하나를 선택해야 합니다. 세상의 거짓된 평안을 좇거나, 하나님의 빛 가운데 깨어 있는 것입니다.

우리는 하나님의 전적인 은혜로 구원받은 존재임을 깊이 인식해야 합니다. 이는 단순한 긍정을 넘어 진정한 인정과 감사로 이어져야 합니다. 우리의 구원이 자신의 공로가 아닌 하나님의 은혜에 기인한다는 사실을 항상 기억하고, 하나님과 하나님의 말씀을 전적으로 의지해야 합니다.

재림의 정확한 시기는 알 수 없지만, 빛의 자녀로서 항상 깨어 있어야 합니다. 세상의 거짓된 평안에 속지 않고, 하나님의 은혜를 믿고 의지하며 살아가야 합니다. 진정한 구원의 소망을 붙잡고, 믿음과 사랑으로 무장하여 주의 날을 준비하는 삶을 살아가야 합니다.

말씀 2

우리는 깨어 있기 위해 하나님을 의지함으로 서로를 지지해야 합니다. 먼저 하나님의 작정과 예정은 우리를 향한 그분의 구원 계획의 핵심입니다. 성경은 하나님이 우리를 진노가 아닌 구원을 받게 하려고 세우셨다고 말씀합니다. 이 계획은 창세전부터 존재했으며, 우리의 공로와 무관한 하나님의 무조건적인 사랑에서 비롯되었습니다.

그리스도의 죽으심은 이 예정의 핵심 사건으로, 우리를 하나님과 함께 살게 하려는 목적이 있었습니다. 이는 하나님 사랑의 절정을 보여 주며, 성육신과 십자가 사건을 통해 완전히 드러났습니다. 하나님의 사랑은 시간을 초월하여 영원하며, 알파와 오메가를 아우르는 무한한 사랑입니다.

이러한 하나님의 사랑에 대한 우리의 응답으로, 본문은 서로를 위로하고 지지하는 것의 중요성을 강조합니다. 위로와 지지의 의미를 포함하는 본문의 '권면하라'라는 단어는 직전에 나오는 데살로니가전서 4장 18절의 '위로하라'라는 말과 일치합니다.

그러므로 이러한 말로 서로 위로하라

우리가 서로를 위로할 수 있는 근거는 하나님이 '모든 위로의 하나님'이시기 때문입니다(고후 1:3). 특히 종말론적 맥락에서 서로를 향한 위로는 재림의 소망을 공유하는 중요한 방법이 됩니다.

더불어 본문은 서로 덕을 세우는 것의 중요성을 언급합니다. 데살로니가교회는 이에 대한 모범적인 예시였습니다. 우리가 서로 사랑하고 돌볼 때, 우리는 하나님의 사랑으로 더욱 충만해집니다. 이는 단순한 행위를 넘어, 하나님의 사랑을 실천하고 경험하는 과정입니다.

결론적으로, 하나님의 영원한 사랑과 구원 계획은 우리의 삶에 깊은 영향을 미칩니다. 우리는 서로를 위로하고 지지하며 사랑함으로 응답해야 합니다. 이를 통해 우리는 하나님의 사랑을 더 깊이 경험하고, 신자로서의 품격을 드러내며, 하늘의 온기를 이웃에게 전하는 삶을 살 수 있습니다. 이러한 삶은 우리를 하나님의 사랑으로 더욱 충만하게 하며, 나아가 하나님의 영광이 드러나는 인생으로 우리를 이끌어 갑니다.

결단

한없이 잇닿은 그 기다림은 영원을 향해 닿아 있을 뿐 아니라, 시원(時原)까지 뻗어 있습니다. 창세전부터 기다리셨던 우리 하나님의 작정하고 예정하심을 바라봅시다. 우리 하나님은 우리를 무조건적으로 선택하여 끝까지 붙드시는 분임을 다시 한번 본문을 통해 확증하십니다. 창세전부터 영원까지 우리를 사랑하시는 하나님께 잇대어 서로 사랑하고 위로하며 본이 되는 삶으로 깨어 있는 저와 여러분이 되기를 우리 주님의 이름으로 축원합니다.

활동

주제	브뤼헐(Pieter Brueghel)의 〈추락하는 이카로스가 있는 풍경〉과 황동규 시인의 〈즐거운 편지〉를 감상한 후 함께 나누어 보기
학습 목표	1. 작품 감상을 통해 깨어 있음으로 인하여 자신과 주변의 일상을 새롭게 바라볼 수 있도록 돕는다. 2. 하나님을 의지하고 지지하는 것이 우리에게 어떻게 은혜가 되는지를 다시 한번 새겨 보는 기회로 삼는다.
학습 내용	1. 브뤼헐의 〈추락하는 이카로스가 있는 풍경〉을 보고 난 후 어떤 생각이 드나요? 일상에서 외면하고 있는 이웃과 회피하고 있는 내면을 다시 한번 들여다봅시다. 2. 여러분은 지금 깨어 있나요? 혹시 '마법의 땅'에 들어와 잠들어 있지는 않나요? 각자 자신의 상태와 이유에 대해 자유롭게 나누어 봅시다. 3. 하나님은 창세전부터 영원까지 '한없이 잇닿은 그 기다림'으로 우리를 사랑하시는 분입니다. 이 사실을 기억할 때 이것이 여러분에게는 어떤 의미가 되는지 나누어 봅시다. 4. 서로를 위로하고 격려하며 본이 되는 삶으로 깨어 있기 위한 구체적인 결단을 나누어 보고 함께 기도합시다.

11. 죽음이 오늘에게 말했다

고린도후서 5:1-10

암송 구절

참으로 우리가 여기 있어 탄식하며 하늘로부터 오는 우리 처소로 덧입기를 간절히 사모하노라 고후 5:2

도입

크리스천은 드디어 천성을 코앞에 둔 뿔라의 땅에 이릅니다. 그곳은 천성과 매우 가까워 천성의 기운을 느낄 수 있었지만, 엄밀히 말하면 천성은 아니었습니다. 크리스천과 소망이 천성에 도착하려면 반드시 강을 건너야 했습니다. 이 강을 건너지 않고 천성에 도달할 수 있는 방법이 없는지 묻자, 빛나는 두 천사는 "있기는 하지만 세상이 창조된 뒤로 에녹과 엘리야 두 사람 외에는 그 길로 가는 것을 허락 받지 못했다고 합니다"라고 말합니다.

에녹과 엘리야, 두 사람의 특징은 무엇입니까? 바로 죽음을 맛보지 않고 이 세상을 떠난 사람들이죠! 즉, 크리스천과 소망이

252

건너야 할 강은 죽음의 강이었습니다. 이 세상의 모든 사람은 죽음을 피할 수 없습니다. 고린도후서 5장 1절에서도 분명히 땅에 있는 장막이 무너지면 영원한 집이 있는 줄 안다고 말합니다. 그럼 죽음을 어떻게 준비해야 할까요?

말씀 1

죽음을 넘어 천성을 사모해야 합니다. 크리스천과 소망도 뿔라의 땅에 만족하지 않습니다. 위험을 무릅쓰고 천성을 향해, 죽음의 강을 향해 나아갑니다. 천성의 영광은 이루 말할 수 없기 때문입니다.

고린도후서 5장 8절에서 바울도 차라리 몸을 떠나 주와 함께 있기를 원했습니다. 그 이유가 무엇입니까? 죽음 자체가 좋았기 때문인가요? 아닙니다. 그 이유가 고린도후서 5장 4절에 나와 있습니다. 죽음이 목적이 아니라 죽음 이후의 생명이 목적이었습니다. 크리스천이 멸망의 도시를 떠날 때 외쳤던 "생명, 생명, 영원한 생명", 그것을 죽음 후에 얻을 수 있기 때문입니다.

말씀 2

피할 수 없는 죽음의 강을 준비하는 자세 중 또 하나는 오늘을 믿음으로 사는 것입니다. 《천로역정》에 나오는 죽음의 강의 특징은 어느 누구도 도와줄 수 없다는 것이고, 또 하나는 강의 깊이가 믿음의 정도에 따라 다르다는 것입니다.

정말 크리스천과 소망은 죽음의 강을 건널 때 다른 상황에 놓이고 다른 반응을 보입니다. 절망 속에 빠진 크리스천은 소망의 격려를 받지만 죽음에 함몰됩니다. 그러나 그 순간 한 말씀을 생각합니다. 이사야 43장 2절입니다. 그리고 무사히 죽음의 강을 건넙니다. 그런데 과거에도 크리스천은 이와 비슷한 말씀으로 힘을 얻었던 경험이 있습니다. 바로 사망의 음침한 골짜기를 지날 때였습니다(시 23:4).

누가 죽음의 강에서 말씀을 붙들고 건널 수 있습니까? 사망의 음침한 골짜기를 지나는 오늘, 하나님의 말씀을 붙드는 그 사람이 죽음의 강에서도 말씀을 붙들 수 있습니다.

말씀 3

또한 죽음의 강을 건널 때 영생의 증표인 예수를 가져야 합니다. 우여곡절 끝에 크리스천과 소망은 드디어 죽음의 강을 통과해 천성 문 앞에 이릅니다. 크리스천과 소망은 순례를 시작하면서 받았던 증서를 내밀었습니다. 천사들은 이 증서를 하나님께 전했고, 하나님은 즉시 문을 열라고 명령을 하셨죠! 그런데 이들만 천성 문 앞에 이른 것이 아니었습니다. 무지라는 사람도 어느덧 천성 문 앞에 이르게 됩니다. 무지는 크리스천과 소망의 반만큼도 고생하지 않고 강을 건넜습니다. 무지가 강을 건널 때 헛된 희망이라는 나룻배 사공이 있었기에 배를 타고 건너편까지 건넜기 때문이죠!

그러나 결국 무지는 지옥으로 떨어집니다. 그는 십자가에서 영생의 증표를 받지 못했기 때문입니다. 십자가에서 만난 예수가 없으면 우리 또한 천성에 들어갈 수 없음을 기억해야 합니다.

결단

우리는 언젠가 죽을 것입니다. 그 죽음이 오늘을 살아가는 저와 여러분에게 말합니다. 너는 천성을 사모하느냐고, 너는 죽음의 강을 건널 믿음을 가지고 살아가느냐고, 너는 영생의 증표인 예수를 가지고 있느냐고 말입니다. 이 질문 앞에 무지와 같이 벙어리로 있는 것이 아니라, 담대히 천성 문 앞에서 예수 그리스도를 향한 우리의 믿음을 보일 수 있는 저와 여러분이 되기를 간절히 소망합니다.

우리에게 우리 날 계수함을 가르치사 지혜로운 마음을 얻게 하소서

시 90:12

활동

주제	《천로역정》 지도 만들기, 《천로역정》 창작 뮤지컬 보기
학습 목표	1. 1과부터 11과까지 《천로역정》 전체 과정을 정리할 수 있도록 한다. 2. 소그룹원들과 은혜를 고백할 수 있는 기회를 준다.
학습 내용	1. 《천로역정》 지도를 만들어 본다. 2. 《천로역정》 창작 뮤지컬을 관람한다.